Kreatives Sozialmanagement

Reviewed Research. Auf den Punkt gebracht.

Springer VS Results richtet sich an AutorInnen, die ihre fachliche Expertise in konzentrierter Form präsentieren möchten. Externe Begutachtungsverfahren sichern die Qualität. Die kompakte Darstellung auf maximal 120 Seiten bringt ausgezeichnete Forschungsergebnisse „auf den Punkt".

Springer VS Results ist als Teilprogramm des Bereichs Springer VS Research besonders auch für die digitale Nutzung von Wissen konzipiert. Zielgruppe sind (Nachwuchs-)WissenschaftlerInnen, Fach- und Führungskräfte.

Altin Islami

Kreatives Sozialmanagement

Vom Umgang mit Dilemmas und komplexen Konstellationen

 Springer VS

Altin Islami
Hochschule Coburg, Deutschland

ISBN 978-3-658-02497-0   ISBN 978-3-658-02498-7 (eBook)
DOI 10.1007/978-3-658-02498-7

Die Deutsche Nationalbibliothek verzeichnet diese Publikation in der Deutschen Natio-
nalbibliografie; detaillierte bibliografische Daten sind im Internet über http://dnb.d-nb.de
abrufbar.

Springer VS
© Springer Fachmedien Wiesbaden 2013

Springer VS ist eine Marke von Springer DE. Springer DE ist Teil der Fachverlagsgruppe
Springer Science+Business Media.
www.springer-vs.de

Inhalt

Lesehinweis

Um einen besseren Lesefluss zu gewährleisten und Missverständnisse zu vermeiden, sei darauf hingewiesen, dass die Verwendung der männlichen Form im gesamten Text auch das weibliche Geschlecht impliziert, sofern es nicht anders angegeben wird. Aus ästhetischen Gründen wird für einige benützten Begriffe im Text ihre Kurzform gewählt. Die Begriffe *laterales* bzw. *Laterales* Denken (Groß- und Kleinschreibung) erscheinen beide im Text und stehen jeweils für die *Denkweise* bzw. für das von Edward de Bono entwickelte *Konzept*.

In der Literatur tauchen oft Fachbegriffe auf, die in der Sozialen Arbeit sehr gebräuchlich sind, wobei ihnen unterschiedliche Bedeutung beigemessen wird. So versteht sich beispielsweise Sozialmanagement als fachliches Konzept für soziale Organisationen und Institutionen der Sozialen Arbeit, während man unter dem Schirm der Sozialwirtschaft die Gesamtheit aller Organisationen des Sozialmarkts darunter versteht (vgl. z. B. Wöhrle 2003, S. 110ff). In diesem Sinne soll betont werden, dass der soziale Charakter einer Organisation nicht automatisch den sozialarbeiterischen Anspruch impliziert. Manche Aspekte oder Kritik, die der eine oder andere Leser indirekt herausliest, gehen von dem Anspruch der Disziplin und Profession aus, dem hier ein besonderer Stellenwert gegeben wird. Insofern bedeutet auch das Management des Sozialen auch kein Managementinstrument, sondern deutet auf die Herausforderung hin, innerhalb der Sozialwirtschaft von einem Konzept zu reden.

Abkürzungen:
Laterales Denken = LD
Sozialarbeitswissenschaft = SAW
Führungskraft / Führungskräfte = FK
Teilnehmer = TN
keine Angabe = k. A.

Synonyme für:
vertikales (Denken) = linear, logisch, rational etc.
laterales (Denken) = parallel, horizontal, kreativ

Einleitung

„Gebet mir einen Punkt, wo ich stehen kann, so will ich (mit meinem Hebel) die Erde bewegen" (das soll Archimedes gesagt haben, der die physikalischen Hebelgesetze erforschte; Göppner 2009, S. 245, Fußnote). Der Bezug zum archimedischen Punkt, den man in der SAW vergeblich sucht, wurde im Kontext eines wissenschaftstheoretischen Diskurses genommen. Diese besondere Situation in der Disziplin der Sozialen Arbeit zwingt die Theoretiker bei der Suche nach Orientierung nicht von einem einzigen Standpunkt auszugehen, sondern alle unterschiedlichen, sogar kontroversen Blickwinkeln aufzunehmen ohne eine bestimmte Position radikalisieren zu müssen. Dass die gleiche Situation in der Praxis der Sozialen Arbeit vorzufinden ist, deutet genau auf die Feststellung hin, dass die Praxis (als Gegenstand der SAW) nicht nur einen Ausgangspunkt aufweisen kann.

Die aktuelle Managementsituation innerhalb der Sozialen Arbeit ist aufgrund des handelnden Charakters nicht nur von dieser disziplinbezogenen Orientierungsproblematik betroffen. Diese Situation erschweren darüber hinaus noch die unterschiedlichen Rahmenbedingungen, unter welchen sich das Management der sozialen Institutionen und Organisationen befindet. Vor allem die internen Rahmenbedingungen ergeben sich aus der institutionellen und organisationalen Vielfalt sowie aus der subsidiären Besonderheit, mit der die Ausrichtung und Gestaltung der Organisationen einhergehen.

In dieser Arbeit soll es sich nicht um das Herausfinden des archimedischen Punktes handeln, sondern um *einen* „archimedischen" Punkt, der besonders im Umgang mit dem anspruchsvollen Managementthema in der Sozialen Arbeit eine Alternative sein kann. Bei meinen beruflichen Erfahrungen muss ich zunehmend feststellen, wie Hilfeprozesse immer wieder auf ihre Wirksamkeit geprüft werden müssen. Diese Situation hängt oft damit zusammen, dass sich das Verhältnis zwischen Hilfe und Bedarf – aufgrund von unbekannten Faktoren – sehr schwer bestimmen lässt. Im Grunde offenbart diese Tatsache auf der einen Seite die Komplexität, in der Hilfe eingebettet ist, und auf der anderen Seite die einschränkende (oder sogar fehlerhafte) Wahrnehmung, wonach die einschlägigen Prämissen begründet werden. Ausgehend von dieser Erfahrung entdeckte ich, im Versuch komplexe Sachverhalte zu verstehen, den Bedarf an einer anderen Denkweise, nämlich dem lateralen Denken. Diese Art des Denkens erforschte und entwickelte der Mediziner und Psychologe, Dr. Edward de Bono, den man als Guru im kreativen Denken bezeichnet. Ziel dieser Arbeit ist es daher, auf *Laterales Denken* als Denkweise und Konzept aufmerksam zu machen, dieses zu erproben und auf der Basis von empirischem Bezug als Kompetenz für Führungskräfte der Sozialen Arbeit zur Diskussion zu stellen.

Die Arbeit ist in *fünf* Kapitel gegliedert. Im *ersten,* einführenden Kapitel stelle ich laterales Denken vor und behandle den Kontext des Themas, der den Rahmen dieser Arbeit größtenteils bestimmt. Das *zweite* Kapitel beschäftigt sich mit einer theoretischen Annäherung, in der – neben konstruktivistisch-systemtheoretischen Zugängen – das Konzept näher erläutert wird. Die Vorstellung von einigen Techniken erfolgt im Anschluss daran und gibt beispielhaften Einblick in den Anwendungskontext des Konzeptes.

Das *dritte* Kapitel setzt sich mit der methodischen Vorgehensweise in der Gewinnung und Diskussion der empirischen Daten auseinander. Im *vierten* Kapitel werden die Ergebnisse im Verwertungszusammenhang betrachtet und diskutiert, mit der Intention daraus potentielle Handlungsempfehlungen ableiten zu können. Abschließend unternehme ich den Versuch aus den qualitativ gewonnenen Erkenntnissen Thesen zu formulieren, die reflektierend, aber auch provozierend zur erforschenden Auseinandersetzung mit der Thematik einladen. Dabei weise ich auf eine Perspektive hin, die man als Möglichkeit sehen kann, wie auf die gewonnenen Erkenntnisse in dieser Arbeit aufgebaut werden kann.

Auch wenn das Konzept auf sozialarbeiterische Fragestellungen zugeschnitten wird und primär Führungskräfte der Sozialen Arbeit ansprechen möchte, ist es grundsätzlich an keine bestimmte Disziplin gebunden, sondern eignet sich für Individuen und Gruppen, die kreativ, ressourcen- und lösungsorientiert handeln bzw. handeln wollen. Dadurch, dass das Konzept eine starke Ausrichtung auf die Generierung von Ideen hat, kann es für Studierende und Promotionsvorhabende bei der Themensuche sehr nützlich sein. Aber auch für pädagogische Fachkräfte in den Bildungseinrichtungen, in denen Denkweisen vermittelt und beeinflusst werden, sind Aspekte dieses Konzeptes für die Lehr- und Lernmethodik, den Beurteilungskontext und die Wahrnehmungsförderung eine bereichernde Ergänzung.

1 Hinführung und thematische Einbettung

1.1 Laterales Denken – die Geschichte mit dem Stein

Mit der folgenden Geschichte kann man einen ersten Eindruck vom lateralen Denken erhalten.

„Es begab sich zu einer Zeit, als die Menschen wegen Schulden noch im Kerker bei Wasser und Brot schmachten mussten. Ein Händler in Köln hatte das Unglück, einem Geldverleiher einer großen Summe des Geldes zu schulden. Das Schiff mit den Waren, die er im Morgenland bestellt hatte, war verschollen, und nun wusste er nicht, wie er die Schulden zurückzahlen sollte.

Der Geldverleiher, ein hässlicher Kerl, wollte die Tochter des Händlers zu seiner Gemahlin machen. Er unterbreitete dem Händler folgenden Vorschlag: Er erließe ihm alle Schulden, würde ihm dieser seine schöne junge Tochter zur Frau geben.

Da Vater und Tochter ob dieses Vorschlages entsetzt waren, schlug der Geldverleiher vor, die Vorsehung entscheiden zu lassen. Er sagte, er würde in einen Beutel einen schwarzen und einen weißen Kieselstein legen. Die Tochter müsse in den Beutel greifen und einen Stein herausnehmen. Wenn sie den schwarzen Stein ziehen würde, müsste sie seine Frau werden und dem Vater seien alle Schulden getilgt. Ziehe sie den weißen Stein, sei sie frei, und dem Vater würden ebenfalls alle Schulden erlassen. Würde sie sich jedoch weigern, müsste der Vater im Gefängnis bei Wasser und Brot darben.

Die beiden willigten ein, denn es schien keinen anderen Ausweg zu geben. Während sie sich im Garten des Geldverleihers unterhielten, bückte sich der Verleiher und hob zwei Kieselsteine auf. Die Tochter beobachtete ihn ängstlich und sah, dass er zwei schwarze Steine in den Beutel tat. Dann bat er das Mädchen, den Stein zu ziehen, der über ihr und das Schicksal ihres Vaters entscheiden würde."

(Nach de Bono 1967 in Novak 2011, S. 13ff)

Auf den ersten Blick scheint jeder Lösungsversuch mit einem Nachteil gekoppelt zu sein. Eine hundertprozentige Lösung zu Gunsten des Mädchens und seines Vaters ist unter den gegebenen Umständen nur schwer vorstellbar. Das Mädchen hat drei Möglichkeiten zur Wahl:

1. es weigert sich, einen Stein zu nehmen
2. es zieht einen (schwarzen) Stein
3. es entlarvt den Betrug

Wenn man alle drei Fälle analysiert, besteht in keinem Fall die Chance, dem Nachteil zu entkommen. Wenn das Mädchen den Betrug entlarven würde, müsste es damit rechnen, dass der Geldverleiher dann mit ehrlichen Karten spielt, was zur fünfzigprozentigen Chance führen würde.

Das obige Szenario beinhaltet, was man sich unter dem logischen Denken vorstellen kann. Falls man zu keiner besseren Alternative kommt, dann hat man diesen Zustand dem logischen Denken zu verdanken. Es gibt jedoch einen Ausweg, der hundertprozent für das Mädchen und den Vater spricht. Dazu muss man sich jedoch einer anderen Denkweise bedienen. Die Lösung wäre folgende:

> „Die Tochter steckte ihre Hand in den Beutel und zog einen Stein heraus. Ohne ihn zu zeigen, ließ sie ihn sofort auf den Boden fallen, wo er zwischen all den anderen schwarzen und weißen Kieselsteinen verschwand. ‚Oh, wie ungeschickt von mir‘, sagte sie. ‚Aber eigentlich macht das ja nichts, denn wir brauchen ja nur in den Beutel zu schauen, um zu sehen, welcher Stein übrig ist.‘
>
> Da der Stein, der sich noch im Beutel befindet, schwarz ist, muss angenommen werden, dass derjenige, den sie gezogen und fallen gelassen hat, weiß war. Der Geldverleiher muss dem zustimmen, denn ansonsten müsste er seinen Betrugsversuch zugeben." (ebd.)

Der Vorschlag vom Geldverleiher setzte zwar das Mädchen und den Vater in die Verlegenheit eine ungewollte Heirat zu akzeptieren, aber immerhin hätten sie die Chance diese abzuwenden. Nachdem aber der Geldverleiher auch die andere fünfzigprozentige Chance zu seinem Gunsten manipulierte, war es zunächst offensichtlich, dass Vater und Tochter verlieren würden. Diese aussichtslose Situation verwandelte sich jedoch durch das laterale Denken und rettete Vater und Tochter von dem unerwünschten Schicksal.

Diese Geschichte stellt keine utopische Situation dar, denn Dilemmas sind unvermeidbarer Bestandteil menschlichen Lebens. Ärzte, Richter, Politiker aber auch Menschen, die vor lebenswichtigen Entscheidungen wie Berufsauswahl, Familie oder Karriere etc. stehen, sind mit ähnlichen Situationen nicht selten konfrontiert. Die laterale Denkweise – wie in dieser Geschichte dargestellt – kann solche Alternativen zur Stande bringen, die sogar zur besten Lösung führen können.

1.2 Definition und Abgrenzung

1.2.1 Vertikales vs. Laterales Denken

Das beste Beispiel für vertikales Denken ist die Mathematik. In der Regel ist jede mathematische Aufgabenstellung nach bestimmten Mustern zu bearbeiten. Jeder Schritt muss logisch und richtig sein. Er darf nicht beliebig übersprungen werden. Nach diesem Prinzip funktioniert auch der Computer heute. Er besteht aus einer Fülle an Informationen, die so aufbereitet sind, dass ihre Funktion genau definiert sein muss. Für jeden Vorgang müssen die gemachten Befehle richtig sein, andernfalls kommt man keinen Schritt weiter. Das ‚Gehirn' eines Computers ist so programmiert, dass jeder Befehl eine selektive Funktion hat, wodurch *Undefiniertes* automatisch gefiltert wird. Eine solche Art des Denkens heißt „vertikales Denken" und entspricht, nach de Bono, der zweiten Denkstufe (vgl. de Bono 1986, S. 12). Anders verhält es sich jedoch, wenn beispielsweise ein Problem darin besteht, es erst zu erkennen und zu definieren. Der Denkprozess bis zum Definieren und Festlegen der Begriffe wird der ersten Denkstufe bzw. dem „lateralen Denken" beigemessen. Es handelt sich hier also um die Werte, die den Begriffen zugeschrieben werden (vgl. ebd., S. 12f). „Die Wahl der Aufmerksamkeitsspanne, die Wahl des Ansatzpunktes, die Wahl der Faktoren, all das gehört zur ersten Denkstufe" (ebd., S. 13).

Folgendes Beispiel soll diese Abgrenzung besser verdeutlichen. Mit der Etablierung der Wissenschaft unterscheidet man zwischen Alltagswissen und wissenschaftlichem Wissen. Bei beiden Typen wird Wissen generiert, im Prozess der Entstehung werden jedoch unterschiedliche Kriterien verfolgt. Alltagswissen ist induktiv, frei von Definitionen und beruht grundsätzlich auf pragmatischer Erfahrung und Bewährung, die Routinen als Modus haben (vgl. Schülein / Reitze 2006, S. 18f). Durch den Handlungszwang sind diese ein nützlicher Entlastungsmechanismus, solange keine hohe Konzentration notwendig ist (ebd.). Für komplexere Situationen oder vom Menschen nicht wahrnehmbare (nur mikro- bzw. teleskopisch beobachtbare) Ereignisse reicht das Alltagserkennen aber kaum aus (vgl. Obrecht 2005, S. 102). In solchen Fällen wird mehr Zeit und/oder weitere (technologische) Hilfe benötigt, um z. B. nach Ursachen und Lösungen zu suchen. Mit anderen Worten ist hier eine besondere Art von Reflexion verlangt. An dieser Stelle setzt die wissenschaftliche Wissenserzeugung an, die dann einen institutionalisierten Rahmen benötigt (vgl. ebd.). Dieser Wissenstyp wird durch einen vordefinierten Gegenstand und systematisches Vorgehen ermöglicht und darin ist der eigentliche Unterschied begründet. Während im Prozess der Alltagswissensentstehung Interpretationen, die dann zu festen Normen führen können, beliebig (lateral) sein dürfen, unterliegt die Produktion wissenschaftlichen Wissens einer strengen Sprache, Systematik (vertikal), Überwachung und Deutung.

De Bono entwickelte den Begriff *Laterales Denken* als er 1967 interviewt wurde und diese Art des Denkens nicht unter Kreativität erklären konnte (siehe de Bono 2011, S. 77). Er geht von der Annahme aus, dass es im Alltag zwar nicht immer möglich ist, sog. vertikale und laterale Denkprozesse genau auseinanderzuhalten, aber dem Wesen nach die beiden ganz verschieden sind (vgl. de Bono 1986, S. 12).

Laterales Denken ist „eine Art des Denkens, die nicht von bestimmten, festgesetzten Prämissen ausgeht und nicht nur zum einen richtigen Schluss kommt" (Krause 1996, S. 141). Es ist „die Fähigkeit aus dem Gefängnis der alten Ideen auszubrechen und neue zu entwickeln" (de Bono 1971, S. 13 in ebd.). „Lateral" steht für parallel, seitwärts, da diese Denkart nicht auf Richtigkeit, Analytik oder Selektion (welche dem vertikalen Denken zugeordnet werden) basiert, sondern – ganz im Gegenteil – sich auf Diskontinuität, Ungewissheit, Musterbrechung, Provokation etc. fokussiert (vgl. de Bono 1986, S. 12ff). Genauer gesagt, sind Gedanken und Ideen im lateralen Denken wertfrei zu behandeln, da diese immer ein gewisses Potential haben, das sich in einer bestimmten Konstellation entfalten kann.

Im Folgenden wird eine Auflistung der Attribute aufgezeigt, mit deren Hilfe die Unterschiede der beiden Denkarten in einem Gesamtüberblick ersichtlich werden.

Tabelle 1:   Unterschiede zwischen vertikalem und lateralem Denken

Vertikales Denken	Laterales Denken
selektiv	generativ
exklusiv	inklusiv
folgerichtig	sprunghaft
richtungweisend	ungewiss
explorativ	innovativ
musterhaft	irritierend
analytisch	provokativ

(in Anlehnung an de Bono 1990,S. 37ff; de Bono 1986, S. 14ff)

Unter lateralem Denken ist also eine unkonventionelle, dem vertikalen Denken entgegengesetzte Denkart zu verstehen, die Zugang zu neuen Wegen menschlicher Betrachtung, sowie das Aktivieren der schöpferischen Fähigkeit des Menschen ermöglicht. Insoweit hat laterales Denken im Endeffekt mit Kreativität zu tun, wobei *lateral* im engeren Sinne mit anderen Attributen wie *kreativ* versehen wird. Im nächsten Punkt ist es daher sinnvoll auf diese Unterscheidung näher einzugehen.

Diese Ausführungen wollen betonen, dass laterales Denken als eine Denkart mit eigenen Attributen gesehen werden soll und dennoch im gesamten Denksystem Bestandteil des alltäglichen Denkens ist. Die Notwendigkeit der Abgrenzung ergibt sich aus der Annahme, dass dem lateralen Denken ein anderes Verständnis zugrunde liegt, das sich sowohl in der Theorie als auch in der Systematik der Anwendung von der vertikalen Denkweise unterscheidet und prinzipiell der Kreativität vorausgeht.

1.3 Kontext des Themas

1.3.1 Institutionen / Organisationen der Sozialen Arbeit als Setting

Im sozialen Dienstleistungssektor, genannt auch der dritte Sektor, wird Soziale Arbeit größtenteils in institutioneller / organisationaler Form betrieben (Nikles 2008, S. 21). Wenn in dieser Arbeit von sozialen Institutionen und Organisationen die Rede ist, sind damit diejenigen gemeint, die im sozialwirtschaftlichen Kontext als solche anerkannt sind und Leistungen im Sinne des Gesetzes erbringen. Unter anderen:

- erledigen sie öffentliche Aufgaben, indem sie festgestellte Bedürfnisse Betroffener auf der Basis von Rechtsansprüchen befriedigen
- stellen sie für ihre Stakeholder Informationen zu Verfügung
- planen sie Aufgaben und koordinieren diese hinsichtlich gesteckter Ziele
- integrieren sie Fachlichkeit und Interdisziplinarität
- verfügen sie über Ressourcen (materiell und immateriell), die zur Wahrnehmung ihrer Aufgaben dienen
- leisten sie Öffentlichkeitsarbeit für alle relevanten Stakeholder (vgl. Wöhrle 2005, S. 31f)

Niklas (2008) ist der Auffassung, dass in der Sozialen Arbeit Organisationen und Institutionen unterschiedliche Verständnisse aufweisen. Institutionen repräsentieren für ihn „Sinn- und Symbolkontexte", die eher das übergeordnete System kennzeichnen, während Organisationen „eine zweckrationale, geplant arbeitsteilige Ordnung" innerhalb des Systems darstellen (S. 10). Auch wenn es sich in dieser Arbeit primär nicht um die sozialen Institutionen und Organisationen, sondern um die Führungskräfte in ihrer Managementfunktion handelt, müssen letztere – zumindest in der Ablauforganisation – institutions- bzw. organisationskonform agieren. Eine Unterscheidung, die nur theoretisch nachvollziehbar ist, kann anhand des folgenden Beispiels konstruiert werden. Caritas ist ein Wohlfahrtsverband, den man sich nur als Gebilde vorstellen und in der sichtbaren Form an einer konkreten Einrichtung (z.B. Beratungsstelle, Sozialstation etc.) begreifen kann. Mit Caritas verbindet man einen Symbolkontext, der von bestimmten Werten und Leitgedanken charakterisiert und abgrenzbar ist. In der Konkretisierung dieser Leitgedanken lässt sich Caritas durch die Vielfalt ihrer Werke und Dienste genauer erfassen. Caritas stellt somit die Institution dar, während ein bestimmtes Werk (z. B. KJF – Katholischer Jugendfürsorge) eine Organisation ist. Die begriffliche Unterscheidung hat zur Folge, dass Führungskräfte sowohl strategisch ausgerichtet als auch vom unmittelbaren Führungshandeln betroffen sind. Führungskräfte sind auf der operativen Ebene in interaktiven Konstellationen eingebettet, nehmen Einfluss auf die Gestaltung der Organisation und vermitteln ein Bild nach außen, das im Endeffekt die Werte der Institution präsentiert.

Laterales Denken hat einen individuellen Anspruch, ist aber auch auf die Gruppe gerichtet. Die Organisation bildet zwar das unmittelbare Umfeld, in dem sich das denkende Mitglied bewegt bzw. bewegen soll, aber eine Führungskraft in einem institutionellen Setting gewinnt umso mehr an Bedeutung, wenn es sich um die Suche und Schaffung von normativen Rahmenbedingungen handelt, die eine Organisation prägen. Um den einen Kontext nicht vom anderen auszuschließen, wird bewusst auf die einseitige Betonung verzichtet. Die Verwendung des Begriffs Institution meint auch die dahinterstehenden Organisationsformen und genauso steht die Verwendung des Begriffs Organisation für die Institution, die sie präsentiert.

1.3.2 Führungskräfte der Sozialen Arbeit als Subjekt

Mit der Implementierung des *Neuen Steuerungsmodells* in der Kommunalverwaltung kam eine neue Ära auch für Vorgesetzte. Das Personal wird zur wichtigsten Ressource und sein Management unabdingbar (vgl. Merchel 2009, S. 26). Qualität und Wirtschaftlichkeit rücken in den Mittelpunkt und zwar nicht nur für Institutionen des öffentlichen Sektors. Sie betreffen gleichermaßen die freien Träger, vor allem in der Herstellung oder Optimierung ihrer Dienstleistungsprodukte (ebd.). Im sozialen Wettbewerbmarkt agieren mittlerweile auch gewerbliche Träger und gemeinnützige GmbHs, die sich über Alleinstellungsmerkmale definieren (vgl. Merchel 2009, S. 57) und somit eine horizontale Erweiterung des sozialen Marktes herbeiführen.

Mit dieser Entwicklung geht für soziale Organisationen die Notwendigkeit einher, die Rolle des Vorgesetzten neu zu besetzen und diesen mit neuen (Managements-)Kompetenzen auszurüsten (ebd., S. 118f). Vor allem müssen sie sich der Herausforderung stellen, neue Sozialprodukte zu erschließen, zumal beschleunigte Modernisierung eine permanent neue Lebensgestaltung verlangt (vgl. Wendt 2005: 37). Das erfordert unter anderem Innovationskompetenz. Man kann diese Managementanforderungen als ein interdisziplinäres Profil verstehen, das vorwiegend von betriebswirtschaftlichen Merkmalen gekennzeichnet ist. Entscheidend ist in der aktuellen Entwicklung jedoch die gestalterische und prägende Funktion einer führenden Kraft in einer Institution.

Dem begrifflichen Verständnis für die Steuerungsaufgabe in einer Institution liegt in dieser Arbeit die Auffassung von Merchel (2009) zugrunde. Er erwähnt zwar die traditionelle Unterscheidung zwischen ‚Leitung' und ‚Führung' auf der strategischen und operativen Ebene einer Organisation, sieht aber in beiden Begriffen die besondere Funktion der Verantwortung und Einflussnahme auf die darin tätigen Menschen (vgl. Merchel 2010, S. 12f), wobei Führung eher in Zusammenhang mit der Anleitung von Menschen steht. Daher wird in diesem Kontext der Begriff *Führung* bzw. *Führungskraft* bevorzugt, um der Anleitungsfunktion gerecht zu werden. In Anbetracht des Aufgabenspektrums (siehe ausführlich Merchel 2009, S. 124ff) widmet sich laterales Denken besonders der Führungskraft.

1.3.3 Management als Kontext

Ausgangspunkt: Die Reformen der 90er Jahre in der Kommunalverwaltung führten zu einer neuen organisationalen Ausrichtung der öffentlichen Trägerschaft der Sozialen Arbeit. Aufforderungen nach einem Paradigmen-wechsel im Steuerungsmodus hatten damals einen betriebswirtschaftlichen Charakter, womit das *Neue Steuerungsmodell* als modernisiertes Managementkonzept einherging (vgl. KGSt 2011; Nüß / Schubert 2001, S. 143). Die Umsetzung lässt sich bis heute nicht ohne Schwierigkeiten und Folgen übertragen (vgl. Wollesen 2008, S. 129). Die hier angesprochene Neuorientierung der öffentlichen Trägerschaft der Sozialen Arbeit hängt daher primär mit dem komplexen Ökonomisierungsprozess (vgl. ebd., S. 18) und auch mit gesellschaftlichen Wandelprozessen zusammen, worin beispielsweise Thiersch die „besondere Relevanz" (Grunwald / Thiersch 2004, S. 14) seines (innovativen) Lebensweltorientierungskonzeptes sieht. Während sozialer Wandel eine wichtige Orientierungsvariable geworden ist, verlangt der ethisch problematische Ökonomisierungsdruck in den sozialen Organisationen wirtschaftliches Denken (z.B. Marketing, Controlling, Qualitätssicherung, etc.).

Das Problem: Der Umgang mit dem Management der 90er Jahre stellte eine Herausforderung dar, die von Umsetzungsproblemen und Defiziten charakterisiert war (vgl. Grunwald 2004, S. 376). Die entstandenen Spannungsfelder, deren Lösung letzten Endes in die zentrale Aufgabe des Managements einmündet, beschrieb Grunwald als multidimensional. Er bilanziert später im Symposium vom

11. bis 12. Juni 2010 in Tübingen, dass, aus sozialwirtschaftlicher Perspektive, Soziale Arbeit vor *„vielfältigen und gravierenden Herausforderungen"* steht (Grunwald 2011, S. 171). Unter anderem resultiert er einen paradoxen Umgang in den sozialwirtschaftlichen Auseinandersetzungen und deutet auf die Gefahr hin, sich „der Dominanz ökonomistischen Denkens auszuliefern" (ebd., S. 172). In diesem Spannungsfeld entstand Sozialmanagement als eine Vermittlungsinstanz, um Übersetzungsarbeit zu leisten bzw. die Ökonomie mit der professionellen Identität der Sozialen Arbeit unter einen Hut zu bringen (vgl. Albert 2006, S. 104).

Während Grunwald von *„der Dominanz des ökonomistischen Denkens"* spricht, bezeichnete Klaus die Vereinbarung des *ökonomischen Imperativs* mit dem *sozialen Auftrag* schon früher als Widerspruch (vgl. Klaus 2008, S. 154). Das Sozialmanagement auf der einen Seite möchte Diskrepanzen identifizieren und ausgleichen, während Wandelprozesse sozialer und ethischer Art auf der anderen Seite viel dynamischer geworden sind. Wöhrle konstatiert: „der Wandel ist eine hochkomplexe Managementaufgabe" (2005, S. 23), die neue Kompetenzanforderungen verlangt (S. 21f und Albert 2006, S. 106). Führungskräfte sind eigentlich diejenigen, die diesen Herausforderungen unmittelbar ausgesetzt sind. „Herkömmliche Planungs-, Steuerungs- und Führungsinstrumente reichen dafür nur noch bedingt aus. Vielmehr bedarf es eines grundsätzlich neuen Verständnisses des Zusammenspiels von Werten, Strategie und Führung" (Spikler 2010, S. 28). Spikler führt weiter und beschreibt heutiges *Führen* in Zusammenhang mit Zielsetzung als „Führen im Nebel". „Ziele verändern sich, weil sich Rahmenbedingungen verändert haben oder neue Informationen hinzugekommen sind" (ebd.). Unter anderem sieht er die Förderung von Motivation und Kreativität, Lern- und Veränderungsbereitschaft in erster Linie als Aufgabe der Führung (vgl. ebd.). „Gutes Management ist mit der Ermutigung des innovativen Denkens von Mitarbeitern verbunden" (Gehrmann / Müller 2006, S. 55).

Vor dem Hintergrund des demographischen Wandels werden vor allem die Folgen des Fachkräftemangels auf die gesamte Marktwirtschaft (immer noch) diskutiert. Der öffentliche Sektor stellt z. B. eine Alterung der Mitarbeiterstruktur fest (Stember / Böhlert 2009, S. 260), was neue Aufgaben für die Personalpolitik bereitet. Im Sozial- und Pflegewesen wird die Einführung des sog. Persönlichen Budgets diskutiert, welche die Wohlfahrtsorganisationen zwingt, neue Wege im Umgang mit der Kundensouveränität zu finden, was zu mehr Innovationsdruck führt (vgl. Wendt 2005, S. 33).

Die Herausforderung aus der Außenperspektive: Führungskräfte aller Unternehmen müssen sich generell mit neuen und sich stark verändernden Anforderungen des Umfeldes auseinandersetzten (vgl. Korte / Drude 2008, S. 83f), aber eine grundsätzliche Aufgabe für Führungskräfte der Sozialen Arbeit ist unter diesen Umständen, ein geeignetes Management ausfindig zu machen (vgl. Hölzle 2006, S. 12), das den internen und externen Prozessen gerecht wird bzw. das Verhältnis von Ökonomie und Ökologie berücksichtigt (vgl. Gehrmann / Müller 2006, S. 18). Das Primat des Ökonomischen bedeutet praktisch, dass Wettbewerb (nach dem Qualitätsmotto) zulässig ist und soziale Dienstleistungen als Ware konzipiert werden sollen. Eine solche Tendenz, die bei vielen Organisationen des dritten Sektors festgestellt wird, wirft die Frage auf, wie mit ökonomischen Prinzipien auch die professionsbedingte Positionierung vereinbart werden kann. Vor diesem Hintergrund regte das unternehmerische Verhalten sozialer Organisationen der Wohlfahrtspflege bereits die Aufmerksamkeit der Öffentlichkeit an, wie es z. B. in einem Bericht des Magazins „Capital" der Fall ist. Darin wird das DRK (Deutsches Rotes Kreuz) als *Unternehmen* bezeichnet, dessen gewinnbringenden Aktivitäten unter die Lupe genommen werden (Lambrecht 2012, S. 72ff). Die darin dargestellte Fremdwahrnehmung kann als Signal verstanden werden, wie wichtig es ist, neben der disziplinären Identität auch ein professionsidentisches Image zu vermitteln. Im Zusammenhang mit der Fremdwahrnehmung bestätigt Treptow: „Professionsbestände und Professionsentwicklung stehen unter einer intensiven Beobachtung und zwar auch im Wettbewerb um legitimatorische Begründungen, die, in der Spannung zwischen wirtschaftlichen, administrativen und pädagogischen Geltungsansprüchen mehrerer Professionen, stark von der öffentlichen Zustimmung abhängen" (2011, S. 188). Diese Außenperspektive hat für Akteure in der Sozialen Arbeit eine Doppelfunktion. Zum einen löst diese Perspektive die Reflexion der eigenen Professionsidentität innerhalb der Disziplin aus und zum anderen kann diese dazu beitragen, sich in der Legitimationsfrage auf das zu konzentrieren, was Soziale Arbeit – trotz ihrer Vielfalt – tatsächlich ausmacht. Dieser Anspruch wird im Kontext der Neuorientierung der Sozialen Arbeit noch deutlicher, indem sie „ein modernes Dienstleistungsunternehmen zu werden hat, in dem Sozialwirtschaft und Soziale Arbeit so zusammenspielen, dass anhand der im Hilfesystem festgesetzten Ziele Soziale Arbeit zu agieren hat." (Hammer 2011)

Die Herausforderung aus der Innenperspektive: Das Symposium vom 11. und 12. Juni 2010 in Tübingen brachte viele Experten zusammen, die der Identitätsfrage der Sozialen Arbeit nachgingen. Das Ergebnis zeigte deutlich, dass die Frage nach der Identität der Sozialen Arbeit nicht eindeutig zu beantworten ist. Festzuhalten waren die kontroversen Positionen, die Thiersch in seiner Schlussrede als „ein Verhältnis von Aspekten (…), die unterschiedliche KollegInnen unterschiedlich gewichten" vermutete (Thiersch/Treptow 2011, S.185). Treptow sieht die Zukunftsfähigkeit einer Identität Sozialer Arbeit in der Akzeptanz der Heterogenität und ihrer Mitgestaltung, denen mit wissenschaftlicher Haltung zu begegnen sind (vgl. ebd., S. 188). Dass in der Praxis der Sozialen Arbeit wider-

sprüchliche Handlungen beobachtet werden, hat für Kleve mit einem dynami-
schen Hilfeprozess zu tun. In diesem Prozess kann der professionelle Helfer in
dem einen Kontext aktiv agieren und in einem anderen Kontext will er sich entbehrlich machen oder leistet Hilfe durch „Nicht-Hilfe" (vgl. Kleve 2000, S.
106f).

Bezogen auf das Management in der Sozialen Arbeit gibt es die Auffassung,
dass eine Vielfalt an Managementinstrumenten in den sozialen Organisationen
bereits Einzug gehalten hat (vgl. Wöhrle 2012, S. 20). Das ist mit einer ökonomischen Orientierung erklärbar, wenn man das Managementangebot unter die
Lupe nimmt (ebd.). Ob die Durchführung eines solchen Projektes für viele soziale Organisationen möglich ist, hängt von der Frage ab, was sich ethisch mit dem
sozialarbeiterischen Auftrag vereinbaren lässt. Ob eine Beratungsstelle (welcher
Art auch immer) den Erfolg an der Anzahl der durchgeführten Beratungen pro
Tag misst oder Sozialmarketing sich mit der Lebenslage von Hilfebedürftigen
kombinieren lässt, das braucht eine klare professionelle Positionierung und erfordert einen sensiblen Umgang. Da Soziale Arbeit mit ihren Organisationen im
Handeln in das Leben der Adressaten (oder Kunden) eingreift, bedarf sie an dieser Stelle neuer Überlegungen und Lösungswege, die dem sozialarbeiterischen
Auftrag gerecht bleiben.

Schlussfolgerung: „Wenn der Wind des Wandels weht, bauen die einen
Schutzmauern, die anderen bauen Windmühlen" (Bruns 2009, S. 48). Dieses Zitat soll zum Ausdruck bringen, dass das Handeln mit Prämissen verbunden ist,
die zu unterschiedlichen Ergebnissen führen. Während manche in solchen Situationen eine logische Reaktion zeigen, sehen andere darin die Chance, daraus
Nutzen zu ziehen, was aber nicht bedeuten soll, sich für den einen oder anderen
Pol entscheiden zu müssen. Dem Wandel sollte man natürlich nicht mit Naivität
begegnen, genauso wie man die darin entdeckten Chancen nicht auf Kosten der
Fachlichkeit ausnutzen soll. Jedenfalls schafft die Chancenperspektive Raum für
innovative Umgangsformen. Inwieweit ein Ergebnis auch Erfolg aufweist, ist
allerdings unter anderen Gesichtspunkten zu beurteilen.

In der Praxis scheint erfolgreiches Führen mit innovativen Leistungen zu-
sammenzuhängen. Von diesen Erfahrungen berichtet Merchel (2011, S. 55, 132f)
im Rahmen seiner qualitativen Forschung, aus der zwar keine signifikanten Aussagen abgeleitet werden, jedoch die Innovationsfähigkeit als Indikator in der
Bewältigung des Wandels und der Komplexität gesehen wird. Da mit dem Wandel auch Probleme neu entstehen und definiert werden, braucht ihre Bewältigung
besonders eine reflektierende und innovative Ausrichtung. Es reicht natürlich
nicht aus, aus nur pragmatischen Gründen das Management der Sozialen Arbeit
zu thematisieren, sondern man muss schauen welche Möglichkeiten noch ausge-

schöpft werden können, die der Führungskraft eine angemessene Orientierung erlauben.

Aus den oben skizzierten Ausführungen können folgende Annahmen zusammengefasst werden (siehe dazu auch die Abb. 1):

▪ Soziale Arbeit ist Dilemmas und Widersprüchen ausgesetzt
▪ Soziale Organisationen befinden sich in einer Managementkomplexität, die von Führungskräften zu bewältigen ist
▪ Eine besondere Herausforderung für Führungskräfte ist es, für ihre Organisation das passende Management ausfindig zu machen, das der Sozialen Arbeit gerecht bleibt

→ Führungskräfte der sozialen Organisationen brauchen für das gegenwärtige und zukünftige Management adäquate Orientierung sowie andere/neue Wege, um mit den Herausforderungen entsprechend umgehen zu können.

Abbildung 1:   Welche Orientierung brauchen Führungskräfte?

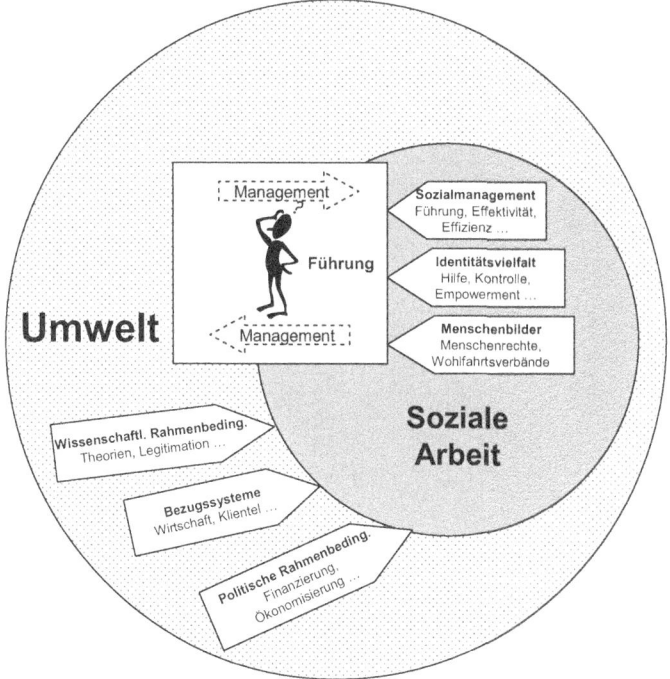

Da Managementaufgaben eine konsequente Zukunftsorientierung intendieren, nimmt dabei das Aufspüren des Zeitpulses eine zentrale Rolle ein (vgl. Greving 2008, S. 75). Entscheidend in dieser Orientierung ist daher die Fähigkeit, diese Entwicklung umfassend aber kritisch wahrzunehmen, um die Aufrechterhaltung der eigenen Disziplin und Profession nicht aus dem Auge zu verlieren. Die weitere Entwicklung und Gestaltung der Sozialen Arbeit bzw. ihrer Institutionen ist daher auch eine Frage der kreativen und innovativen Denkleistungen ihrer Akteure.

2 Theoretische Zugänge

2.1 Konstruktivismus, Systemtheorie und Tetralemma

2.1.1 Konstruktivismus

Der Konstruktivismus als Erkenntnistheorie geht von der Annahme aus, dass Wirklichkeit eine Konstruktion ist, die von der Wahrnehmung (bzw. Erfahrung) eines beobachtenden Subjekts abhängt (vgl. Schülein / Reitze 2006, S. 185). Auch wenn im Konstruktivismus zunächst von dieser Grundannahme ausgegangen wird, gibt es darüber hinaus weitere Kontexte, in denen sich die Begründungsakzente unterscheiden (siehe Pörksen 2011, S. 17f).

Das Hinterfragen rationalistischen Denkens bzw. die Frage nach der Existenz einer objektiven Wirklichkeit stellt den Hauptgegenstand im Konstruktivismus dar. Vertreter des Konstruktivismus wollen nicht verleugnen, dass eine Wirklichkeit jenseits des menschlichen Erkennens gibt (ebd., S. 18), aber Beobachtetes (Objekt) geht immer und nur vom Beobachter (Subjekt) aus (genannt auch Kybernetik erster Ordnung; vgl. Kleve 2005, S. 71). Dies führt zu der Schlussfolgerung, dass Objekt und Subjekt im Erkennensprozess in ihrer Abhängigkeit verflochten sind. Die Beobachtung als Erkennensmedium schafft zwar den Zugang in diesem Prozess, sie erzeugt jedoch eine Wirklichkeit, die sich in Interpretationsmuster vollzieht (vgl. ebd., S. 66).

Der „psychologische Konstruktivismus" (Pörksen 2010, S. 18) beschränkt die Interpretationen der Welt auf die individuellen Bedingungen des Beobachters. Im Wahrnehmungsprozess werden Erfahrungsmuster abgerufen, wodurch das Wahrgenommene begriffen und interpretiert wird. Demgegenüber steht der soziale Konstruktionismus, in dem der Konstruktionsprozess sich auf Interaktionen, Beziehungen und Situationen bezieht (ebd.). Mit Luhmann, wie im Folgenden auch erörtert wird, erhält die konstruktivistische Sicht sowohl unter dem psychologischen als auch dem sozialen Aspekt eine systemische Perspektive, aus der Systeme zu Eigenarten differenziert und entwickelt werden.

2.1.2 Systemtheorie

Nach Luhmann (1984 zitiert in Kleve 2005, S. 65) gibt es Systeme nur im Zusammenhang mit der Umwelt, und Umwelt definiert sich über das Vorhandensein der Systeme. Er unterscheidet zwischen biologischen, psychischen und sozialen Systemen, wobei ihre Ausdifferenzierung eher einer theoretischen Ordnung und Vereinfachung der Komplexität dient. Auch wenn Luhmann eine reale Wirklichkeit nicht bestreitet, sind Erkenntnisse Ergebnisse von Beobachtungen, die systemabhängige Konstruktionen darstellen. Wenn es die Realität gibt, dann existiert sie im Bewusstsein und im Austausch, und die Realitätskonstruktion ist immer mit dem System verbunden bzw. von ihm abhängig (vgl. Kleve 2003, S. 34). Mit anderen Worten ist das Erfassen oder Beschreiben eines Phänomens – im Sinne systemischen Denkens – sowohl ein Produkt selbstreferenzieller Anschauung als auch Ergebnis von Umweltbezügen. Somit beschränkt sich der objektive Wirklichkeitsanspruch im systemisch-konstruktivistischen Kontext auf die psychischen und sozialen Bedingungen und die Wirklichkeit entsteht an der Schnittstelle dieser Bedingungen.

Abgeleitet vom biologischen Verständnis der Autopoiesis (von Maturana), versucht Luhmann ihre Bedeutung auf die psychische und soziale Funktion zu übertragen (vgl. ebd., S. 39f). Im Unterschied zu lebenden Systemen, stellen soziale Systeme Kommunikationskonstrukte dar, die man anhand von ihren eigenen Codes erkennen kann. Betrachtet man die soziale Umwelt (z. B. Gesellschaft) als Ganzes, so sind soziale Institutionen im Sinne dieser Arbeit funktionsdifferenzierte Teilsysteme, die unter dem sozialarbeiterischen Verständnis (oder Code) agieren. Sie sind – wie ihre Wirklichkeiten – vielfältig und bestehen wiederum aus weiteren Teilsystemen (z. B. Mitglieder), die Interaktionen mit der Umwelt sowohl im engeren als auch im weiteren Sinne ausgesetzt sind.

„Wirklichkeit entsteht aus dieser Sicht im Gefüge der Gesellschaft – und das heißt, dass der Einzelne als eine durch diese Gesellschaft und die ihn umgebende Kultur formbare Entität gesehen werden muss. Er beobachtet mit den Augen seiner Gruppe, sieht die Welt vor dem Hintergrund seiner Herkunft, ist eben gerade keine Monade, sondern in jedem Fall beeinflussbar, extrem empfänglich für Außeneindrücke." (Pörksen 2011, S. 20)

Die funktionale Differenzierung bezieht sich auf die Eigenart des Systems, das sich mit Hilfe eines eigenen Codes von anderen Systemen unterscheiden lässt (vgl. Kleve 2005, S. 80). Während in der Wirtschaft Zahlen / Nicht-Zahlen oder im Rechtssystem der Code Recht / Unrecht festzustellen sind, beobachtet man als Code in der Sozialen Arbeit die Differenz Hilfe / Nicht-Hilfe (Baecker 1994 zitiert in ebd.), sowie die Unterscheidung von Fall / Nicht-Fall (Fuchs / Schneider 1995 zitiert in ebd., S. 81). Auch der aktuelle Diskussionsstand (siehe Punkt

1.3.3), in dem sich die Disziplin und Praxis der sozialen Arbeit befindet, zeigt die Notwendigkeit auf, sozialarbeiterische Systeme in ihrer Funktionsweise zu analysieren und das Zusammenspiel von System-Umwelt zu reflektieren. Vom Lösungsansatz her denkend, „ermöglicht konstruktivistisches Denken, dass praktische Erfahrungen für die Praxis brauchbar beobachtet, beschrieben, erklärt, bewertet, kurz: reflektiert werden können" (Kleve 2007, S. 88). Die bisherigen Auseinandersetzungen weisen darauf hin – und zwar nicht nur im Managementbereich –, wie die Binnenentwicklung der Sozialen Arbeit von Spannungsfeder vieler Ambivalenzen bestimmt ist, in welchen die Umwelt eine nicht zu unterschätzende Rolle spielt. Als negative Folge dieser Entwicklung kann z. B. „der aufgrund der zunehmenden Ökonomisierungstendenzen ethische Berufskonflikt" (Albert 2006, S. 102) genannt werden, aus dem Systemsubjekte die Anpassung als Ausweg aus den Dilemmas wählen. Darüber wurde am Beispiel des sog. „Neuen Steuerungsmodell" bereits diskutiert, wobei Anpassungstendenzen eigentlich mehr zur Identitätskrise geführt haben (zur Identität der Sozialen Arbeit z. B. in Thiersch / Treptow 2010).

Das Spannungsfeld der Ambivalenzen schreibt Kleve dem Modernismus zu, den er als Differenzierungsideologie, Schubladendenken und Vernichtung des Fremd- und Andersartigen bezeichnet (Kleve 2008, S. 104). Die heutige Soziale Arbeit beschreibt er als postmodern und versucht ein Gedankenkonstrukt zu präsentieren, wodurch Ambivalenzen ein potentieller Ausgangspunkt für postmoderne Reflexion werden (ebd. S. 105). Damit ist eine Perspektive der Inklusion gemeint, in der es Widersprüche nicht zu beseitigen gilt, sondern diese sogar kultiviert werden sollen. Als eine geeignete Möglichkeit, die man im Prinzip als einen Ausweg aus dem „Ambivalenzkonflikt" bezeichnen kann, sieht Kleve das von Varga von Kibéd und Sparrer (2011, S. 77ff) entwickelte Tetralemma.

2.1.3 Tetralemma

Das negierte Tetralemma ist eine Sichtweise, bei der es sich um Positionen und Haltungen gegenüber Dilemmas handelt. Das geschieht vor dem Hintergrund der Gleichberechtigung von Standpunkten in Konfliktsituationen. In dieser Weise findet mit Hilfe der folgenden vier Positionen,

- das Eine
- das Andere
- Beides
- keines von Beiden

eine Gedankenwanderung statt, der man sich bewusst widmet.

Das Tetralemma hat seinen Ursprung in der buddhistischen Logik, ging zunächst vom Madhyamika-Budhismus des Nagarjuna aus und wurde mit der sog. Negation erweitert. Varga von Kibéd und Sparrer bezeichnen Tetralemma als „Schema zur Überwindung jeder Erstarrung im schematischen Denken". Welche ontologischen Bezüge diese Positionen genau haben und welchen Beitrag eine Tetralemmaaufstellung leistet, wird im Folgenden kurz dargestellt und erläutert.

Das Eine steht für die erste Position, die in der Regel für z. B. das Richtige gehalten wird. Standpunkte, die dieser Position ähneln, können auch darunter geordnet werden.

Das Andere bildet eigentlich den Gegenpol, den man z. B. als Fehler oder für abweichend hält.

Oft begeht man den unbewussten Fehler das Gemeinsame und Verbindende zu übersehen. Würde man dieses wahrnehmen wollen, nimmt man die dritte Position *Beides* ein. Man bildet aus den beiden Polen eine Synthese, betrachtet die Unterschiede in einem anderen Kontext und kann diese verbinden oder man geht Kompromisse ein usw.

In der vierten Position spielt der Kontext die entscheidende Rolle. *Keines von Beiden* hat deshalb einen Reflexionscharakter und will mit Abstand die Entstehung einer Polarisierung verstehen. Hier stellt sich die Frage nach dem Wann? Wie? und unter welchen Umständen ein Dilemma entstanden ist, also gewinnen der zeit- und räumliche Faktor in dieser Position an Bedeutung.

Nun erreicht das negierte Tetralemma den Höhepunkt, denn mit einer fünften Position (die man hier provokativ auch als gar keine Position sehen kann) *All dies nicht – und selbst das nicht* geht man eine Ebene höher und betrachtet alle bisherigen Standpunkte aus der Metaperspektive. Obwohl auch hier eine reflexive Haltung betont wird, unterscheidet sich diese Betrachtung von der letzteren in der Intention der bewussten Musterunterbrechung, um einen kreativen Sprung zum Neuen zu ermöglichen.

Mit der fünften „Position" ist die Gedankenwanderung nicht als abschließend zu sehen. Bei Bedarf können die anderen Positionen erneut durchlaufen werden bis man zu einen zufriedenstellenden Lösung gelangt ist.

Würde man Tetralemma an einem Beispiel aus dem Management konkretisieren wollen, könnte man Sozialmanagement als die Schnittstelle des Ökonomischen und Sozialen verstehen, das anstatt des Entweder-Oder-Denkens (die Entscheidung für *das Eine* oder *das Andere)* die Sowohl-als-Auch Logik verfolgen möchte. Sozialmanagement versucht mögliche Kompromissräume zu entdecken und Übertragungsarbeit zu leisten. Trotz der bisherigen Adaptionsversuche im Management und der Lösungsversuche der Identitätsproblematik ist das große Projekt in der Sozialen Arbeit noch nicht abgeschlossen. In einer derartigen Situation ist es sinnvoll die Wanderung mit der *Keines von Beiden* Position weiterzuführen, um z. B. den vergangenen, gegenwärtigen bzw. den zukünftigen Kontext zu reflektieren mit der Absicht, Bestehendes zu optimieren oder nach was Anderem / Besserem zu suchen. In erweitertem Tetralemma, also der Negation aller vier Positionen, ist der Schritt der Musterunterbrechung zu wagen. „Hier geht es um die Suche nach etwas ganz anderem, nach etwas, was bisher noch nicht angesprochen, was vielleicht systematisch ausgeblendet wird, […] um zu neuen kreativen und konstruktiven Ideen zu gelangen" (Kleve 2008, S. 107). Mit anderen Worten spricht man hier von einem neuen Paradigma, das den Führungskräften im Managementkontext eine völlig neue Orientierung gibt.

Das erweiterte Tetralemma kann man als Befreiung von Zwängen sehen oder als Hilfestellung, um Dilemmas und Konflikten mit professionellem Abstand zu behandeln. Dadurch, dass man alle Positionen wertneutral aufstellt und nicht gezwungen ist, entweder für das Eine oder für das Andere entscheiden zu müssen, können weitere oder völlig neue Ideen, Lösungen etc. entstehen. Es ermöglicht somit Alternativenvielfalt und impliziert Innovation. Insoweit stehen vor allem Führungskräften der Sozialen Arbeit theoretische Werkzeuge zur Disposition, die „je nach situativer Brauchbarkeit und Passung genutzt werden" können, so auch Kleve (ebd. S. 108). Die genannte Gedankenwanderung erlaubt einen Richtungswechsel. Das heißt, man kann die einzelnen Schritte systematisch durchlaufen, in der Mitte anfangen, dann vor- oder rückwärts gehen oder sich nur eines von diesen bedienen. Im Endeffekt sollte nach der bestmöglichen Lösung, Idee oder Beurteilung gesucht werden.

2.1.4 Zusammenfassung

Die konstruktivistisch-systemtheoretische Anschauung beschreibt Individuen und Organisationen als soziale Systeme, die gemäß ihrer Funktion autopoietisch sind, sich dadurch von anderen Systemen abgrenzen und in der Umwelt kommunikativ agieren. Bedingt durch persönliche und soziale Rahmenbedingungen entsteht die Wirklichkeit in den jeweiligen Systemen als wahrnehmungsabhängiges Konstrukt. Funktionsdifferenzierte Systeme konstruieren somit ihre Realität anhand ihres Codes. Für soziale Organisationen besteht in den Interaktionen mit der Umwelt die Gefahr, sich der Dominanz anderer Systeme auszuliefern, was zu Konflikten in der Binnenentwicklung führen kann. Im Konstruktivismus sieht Kleve eine potenzielle Alternative. Eine postmoderne Sozialarbeit (so bezeichnet er die heutige Soziale Arbeit, vgl. Kleve 2007) lässt sich für Kleve mit Hilfe des Tetralemmas am besten erklären. Die aufgrund von Ambivalenzen genötigte Orientierung im Management, von dem diese Arbeit ausgeht, bezieht sich auf die konstruktivistische Sichtweise, die sich von der starren Entweder-Oder Logik lösen soll und der Perspektive des Sowohl-als-Auch oder sogar „Keines von Beiden" öffnet. Das Tetralemma bzw. die konstruktivistische Sichtweise offerieren deshalb eine nützliche Erklärungs- und Reflexionsalternative, womit die beabsichtigte Erweiterung des Betrachtungshorizonts einhergeht.

2.2 Grundannahmen des Lateralen Denkens

In den folgenden Ausführungen wird laterales Denken in theoretischer Hinsicht behandelt. Der theoretische Hintergrund greift auf medizinische und psychologische Erkenntnisse zurück, die aus langjähriger Erfahrung entstanden sind. Dabei stützen die Aussagen hauptsächlich auf einige Werke von Edward de Bono, Erfinder und Gründer des Konzeptes LD (für nähere Informationen bezüglich seiner Biographie und Werke unter http://www.edwdebono.com/). Aufgrund des begrenzten Rahmens dieser Arbeit konzentrieren sich die theoretischen Inhalte auf die wesentlichen Aspekte, die die eigentliche Grundlage des LD ausmachen.

2.2.1 Denken, Informationsverarbeitung und Musterbildung

Die menschliche Tendenz im Lebensalltag, Routinen zu entwickeln, ist aus der Notwendigkeit heraus entstanden, diesen schnell und ohne großen Aufwand bewältigen zu können. Dabei soll das Denken so gering wie möglich beansprucht werden, damit einfache Entscheidungen und unmittelbares Handeln möglich wird. Wenn für jeden gewöhnlichen Vorgang im Alltag (z. B. Aufstehen, Duschen, Essen, Straße überqueren, Warnsignale verstehen und unterscheiden, Gefahren erkennen etc.) ständig Überlegungen und Berechnungen gemacht werden müssten, dann wäre es Menschen unmöglich ein naturgemäßes Leben zu führen. Erfahrungen deuten jedoch daraufhin, dass solche Entscheidungen im Alltag so schnell geschehen, dass man sich ihnen nicht immer bewusst ist, da Denken ein komplexes System von ständiger Informationsverarbeitung ist. Die Fähigkeit zu denken ermöglicht es Menschen effiziente Kommunikation mit der Umwelt zu führen. Was beim Denken tatsächlich passiert, ist, *aus Wahrnehmung Muster zu bilden*, nach denen sich das Handeln richtet (vgl. de Bono, 2011, S. 55). Das ist eine der vielen Feststellungen de Bonos, der seit Jahrzehnten auf diesem Gebiet wichtige Erkenntnisse erwarb. „Wahrnehmen heißt, Dinge betrachten. Verarbeiten heißt, aus der Wahrnehmung etwas machen." (ebd., S. 57)

Denken: Das menschliche Hirn besteht aus der linken und rechten Hemisphäre. Diesen ordnet man unterschiedliche Aufgabenbereiche zu. Während die Aktivitäten der linken Hemisphäre das rationale, logische Denken abwickeln, ist die rechte Hemisphäre für den Bereich des Gefühlslebens zuständig (vgl. Volkammer / Streicher / Walton 1991, S. 52f). Obwohl in dieser Trennung die Funktionsbereiche der jeweiligen Hemisphären klar definiert sind, ist eine Verknüpfung der Denkinhalte mit Gefühlen, also beiden Hemisphären, ein bereits bewiesener Vorgang, wobei die linke Hälfte die Dominanz hat. Dies zeigt sich auch in der Tatsache, dass wissenschaftliche Erkenntnisse mit dem Vorteil des wertfreien Urteils (rational, logisch, mathematisch etc.) die heutigen Gesellschaftssysteme geprägt haben. Jedoch hängt die Befriedigung der Bedürfnisse und die Erfahrung von Zufriedenheit nicht nur mit den Produkten der Wissenschaft zusammen (ebd., S. 57). Musische und künstlerische Aktivitäten unseres Lebens sind der rechten Gehirnhälfte zuzuordnen, weshalb eine Gleichsetzung der jeweiligen Funktionsbereiche nicht möglich ist. Eine solche Feststellung gibt Aufschluss über die Notwendigkeit der Abgrenzung und zugleich Verknüpfung dieser beiden Bereiche. In der folgenden Abbildung wird ersichtlich, dass die Zuständigkeiten der jeweiligen Gehirnhälfte gegensätzlich sind. Das sind sie auch, aber im gesamten Nervensystem sorgen diese für ein ganzheitliches Zusammenwirken.

Abbildung 2:   Funktionsbereiche des Hirns

Linke Hemisphäre	Rechte Hemisphäre
Logik	Rhythmus
Vernunft	Musik
Sprache	Vorstellungskraft
Rechnen	Bilder
Analyse	Farbe
Linearität	Formenerkennung
Digital	Tagträumen
Abstrakt	Kreativität

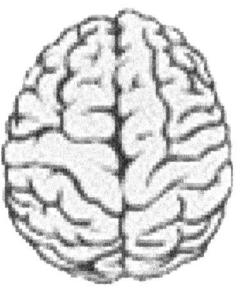

(in Anlehnung an Krause 1996, S. 152; Bild: Bellersen 2011)

Vor dem Hintergrund des kausalen Verstehens liefern solche Erkenntnisse wichtige Hinweise darauf, dass in unseren gesellschaftlichen Sozialisationssystemen, z. B. in Bildung und Erziehung, überwiegend die Aktivitäten des rationalen Denkens gefördert werden, welche aber einseitig und lückenhaft sind (vgl. de Bono 1990, S. 7). Den wissenschaftlichen Fortschritt der letzten Jahrhunderte haben wir aber den Aktivitäten des kreativen, intuitiven Denkens zu verdanken, ohne jedoch der Innovation eine systematische Aufmerksamkeit gewidmet zu haben. Laut de Bono versuchen viele Wissenschaftler Kreativität durch rational-mathematisches Denken zu fördern, was aber einen enormen Zeitaufwand erfordert. *Informationsverarbeitung und Musterbildung:* Die Musterbildung im menschlichen Denken ist der andauernde Prozess, Wege zu schaffen, um externe Informationen in Mustern zu ordnen. Somit, wie auch in der Systemtheorie, ist das Denken ein selbstorganisiertes System, in dem stetig Wege gebildet werden, mit deren Hilfe alte Muster wiedererkannt werden (vgl. de Bono 1990, S. 28). Die Fähigkeit des menschlichen Geistes aus Informationen Muster zu bilden, ermöglicht es ihm, aufwendige Analysen und unnötige Zeit zu erübrigen. Das rechtzeitige Stillen der Bedürfnisse wäre sonst lebensbedrohlich.

Die Entwicklung eines Kindes ist von Geburt an bis zu einem bestimmten Alter von der Musterbildung abhängig. Durch die Informationskanäle Sehen, Hören, Spüren, Riechen und Schmecken werden Muster geformt und im Gehirn dann abgespeichert. Am Beispiel der Sprache kann z. B. nachvollzogen werden, wie die Verwendung von Begriffen Muster hervorruft, mit denen entsprechend umgegangen wird. Ein 3-jähriges Kind fragte mal seinen Vater, während sie einen Ausflug in eine Stadt machten „wo denn das *Bummeln* sei". Das Mädchen verband scheinbar mit Bummeln etwas ganz Bestimmtes. Im Grunde genommen sind Menschen ständig damit beschäftigt, in dem Wahrgenommenen bekannte Muster zu entdecken (vgl. de Bono 2011, S. 70). Da Muster eigentlich ein Gedankenkonstrukt darstellen, sind diese vom Betrachter abhängig. Je nach Perspektive kann ein bestimmter Gegenstand dazu führen, dass falsche Muster entstehen. Dies ist meistens dann der Fall, wenn wenige Muster zu Verfügung stehen (vgl. ebd., S. 71). Solche Tendenzen haben auch dafür gesorgt, dass man Muster mit ähnlichen Merkmalen in vergleichbaren Situationen übertragen möchte. Es gibt jedoch auch die Tendenz ein bestimmtes Merkmal eines Musters gesondert zu betrachten, was aber zu einem verzerrten Gesamtbild führen kann. Wie also mit Mustern umzugehen ist, ist eine Frage der Wahrnehmung und der Informationenfülle. Je komplexer ein Muster ist bzw. erscheint, desto schwieriger wird es, mit ihm adäquat umzugehen.

In der folgenden Figurenreihe ist links ein Würfel abgebildet. Dieser besteht aus einem hellen (oben) und einem dunklen Teil (unten), die zwei verschiedene und miteinander verbundene Holzarten darstellen. Die unsichtbaren Seiten des Würfels sehen genauso wie die Frontseiten aus. Auf der Grundlage dieses Entwurfs erhielt jemand den Auftrag den Würfel herzustellen. Wenn man sich die Gelenklinien wie im mittleren Bild vorstellt, wird es unmöglich sein, die Würfelstücke zusammenzufügen, denn dieses Muster ist falsch. Verlaufen die Gelenklinien jedoch wie in der rechten Figur, dann kann der entworfene Würfel problemlos hergestellt werden.

Abbildung 3: *Ein besonderer Würfel*

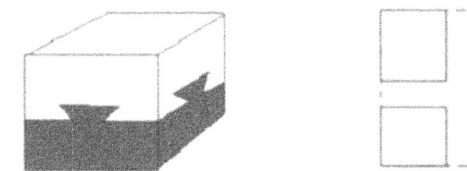 

(nach de Bono 2011, S. 70f)

2.2.2 Prinzipien des Lateralen Denkens

Hintergrund: Ein kurzer Abriss der Grundlagen des menschlichen Denkens wurde bereits im obigen Punkt beschrieben. Es ist also die Aufgabe des Verstandes Informationen so zu verarbeiten, dass Muster geschaffen, wiedererkannt und verwendet werden. In diesem Prozess ist die Folgerichtigkeit eines Gedankenganges von großer Bedeutung. Die Bildung von Mustern bedarf keiner besonderen Anstrengung, wenn ausreichend Informationen zur Verfügung stehen. Entscheidend ist in diesem Zusammenhang die Wahrnehmung, da die „korrekte" Musterbildung letztendlich von ihr abhängig ist. Aus diesem Grund ist es zwingend notwendig, Diskontinuität im Denken einzuführen (vgl. de Bono 1986, S. 52), um entweder vorhandene Informationen umzustrukturieren oder den Wert eines verwendeten Begriffes zu überprüfen. Genau an dieser Stelle beansprucht laterales Denken eine reflexive Haltung, die nicht die Einführung und Weiterentwicklung von Ideen verhindert, sondern eher ihre Veränderung beabsichtigt (ebd.).

Prozess: Vertikales Denken hat den Anspruch nach festen Betrachtungsmustern zu suchen, solche zu entdecken und zu entwickeln. Laterales Denken möchte bewusst diesen Weg verlassen, um dann unbefangen nach neuen / weiteren Alternativen zu suchen. In diesem Prozess sind zwei grundlegende Verfahren zu befolgen. In einem ersten Schritt ist es grundsätzlich wichtig, Dominierendes, Selbstverständliches, Unangreifbares, Traditionelles etc. zu hinterfragen, an den ausgewählten Punkt mit der Einstellung heranzutreten, dass es nicht nur eine Idee, Lösung etc. geben kann und das Generieren von neuen Ideen nicht dem Zufall zu überlassen. In einem zweiten Schritt ist es notwendig, sich auf das Generieren von Ideen und Alternativen – frei von Werturteilen, von Voraussetzungen und Angst vor dem Fehlermachen – zu konzentrieren. Bei manchen Aufgaben lässt sich der Lösungsweg schneller oder überhaupt erst ermitteln, wenn man erst auf dem „Gipfel des Berges" ist (ebd., S. 53). Eine solche Herangehensweise hat einen provokativen Charakter, aber nur solange der Erzeugungsprozess aus Ideen besteht. Mit anderen Worten fokussiert sich laterales Denken auf das schöpferische Potential menschlichen Denkens, das durch das Einschlagen ungewöhnlicher Wege zum Ausdruck kommt.

Methode: Dieser Punkt handelt vom praktischen Teil des lateralen Denkens. Aus den theoretischen Überlegungen werden Handlungsschritte abgeleitet. Dieser Punkt wird in drei Rubriken unterteilt, nämlich in Einstellung, Techniken bzw. Fertigkeiten und Neues Funktionswort.

Unter *Einstellung* ist, sich Gefahren des klassischen Denkens, die Unterschiede zwischen beiden Denkarten und die Notwendigkeit des lateralen Denkens bewusst zu sein, zu verstehen. Oft verstecken sich unter Begriffen falsche Gedankenmuster. Eine solche Gefahr kann gravierende soziologische Folgen haben, wenn beispielsweise als Maßstab für den Kampf gegen Armut in Deutschland die Definition für Somalia oder Indien genommen wird. Obwohl im Alltag die Trennung zwischen lateralem und vertikalem Denken nicht einfach ist, gehen diese zwei Denkweisen von völlig unterschiedlichen Prämissen aus.

Für das Anwenden lateralen Denkens sind besondere Rahmen erforderlich. *Techniken* stellen unterschiedliche Zugänge dar, wobei es auch Überschneidungen geben kann. Wenn man sich mit lateralem Denken vertraut gemacht hat, werden Techniken für den individuellen Gebrauch irgendwann ein selbstverständlicher Teil des Denkens. Für das Anwenden und Üben soll Disziplin als ein wesentlicher Faktor betrachtet werden, ohne *die* eine bewusste Auseinandersetzung sich sehr schwer wird. Insofern sind Techniken Hilfswerkzeuge, die es ermöglichen alten Ideen zu entfliehen und neue zu provozieren.

Das neue *Funktionswort* lautet PO (de Bono 1986, S. 131ff) und wird bewusst als das Gegenstück der Negation (Nein) im vertikalen Denken eingeführt. Eigentlich drückt sich in diesem Wort die ganze Logik des lateralen Denkens aus. In der Logik des vertikalen Denkens spielt das JA / Nein-System die wichtigste Rolle, weil man in jeder Information das Korrekte und Richtige sucht. Dadurch, dass in unserem Denksystem laterales Denken genauso stattfindet aber eine vernunftwidrige Logik verfolgt, ist es wichtig und notwendig bewusst mit dieser Denkweise umzugehen. Man widmet sich sozusagen absichtlich der lateralen Denkweise, um sich nach ihrer Logik zu verhalten. Diese ist die Musterbrechung und -umbildung. „PO ist niemals eine Beurteilung. PO ist eine Bitte, eine Anregung, eine Aufforderung, ein Hinweis" (ebd., S. 134). Diese neutrale Haltung gegenüber all dem, was laterales Denken verlangt und hervorbringt, hat zwei Zwecke: 1. Provokation und 2. Veränderung. Die provokatorische Funktion ist an unentdeckte Potentiale und Alternativen interessiert, weshalb in der Betrachtung einer anscheinend unbrauchbaren Idee auf eine Analyse oder Beurteilung verzichtet wird. Die Veränderungsfunktion will bestehende und sogar innerhalb eines Musters korrekte Ideen als vorläufig behandeln. Grundbegriffe, Traditionen und Selbstverständlichkeiten werden angefochten, nicht weil man sie ablehnen will, sondern weil in anderen Konstellationen die Einmaligkeit des Standpunktes relativiert wird (z. B. *Diskriminierung* von Minderheiten = negativ aber *Diskriminierung* von antidemokratischen Ideologien = positiv).

2.3 Laterales Denken als Konzept

Das konzeptionelle Format des LD hat mit der Notwendigkeit und Disziplin zu tun. Im Alltag ist eine künstliche Trennung zwischen der linearen und der lateralen Denkweise sehr anstrengend und auch nicht wichtig, solange man in der Lage ist, Probleme zu lösen. Bei komplexen Konstellationen ist es jedoch wichtig, dass man von der Alltagsroutine Abstand nimmt, um sich der Komplexität widmen zu können. Aus diesen Gründen soll die Reflexion nicht dem Zufall und der Spontaneität überlassen werden, sondern durch die systematische Anwendung von konkreten Methoden und Techniken bewusst angeregt werden. Da die Vielfalt an Instrumenten im Rahmen dieser Arbeit nur exemplarisch berücksichtigt werden kann, werden an der Stelle nur einige von ihnen vorgestellt. Mit Ausnahme der 6-Denkhüte, wenn nicht anders angegeben, stützen die folgenden Inhalte auf das ins Deutsche übersetzte Werk de Bonos von 1986. Die Breite der Methoden und Techniken ist enorm gewachsen und umfasst mittlerweile weit mehr als das Management der Organisationen.

2.3.1 Einstieg: Die 6-Denkhüte (Six Thinking Hats)

Die Hüte-Methode hat einen pragmatischen Charakter und wurde konzipiert, um dem Denken eine gewisse Struktur zu geben (vgl. de Bono 1993, S. 74). Dadurch, dass Gedanken sehr unterschiedliche Denkrichtungen aufweisen, können sie in ihrer Gesamtheit oft inkonsistent erscheinen.
Der Begriff „Hut" wird in der englischen Sprache mit einer Denkart assoziiert (vgl. Novak 2011, S. 46). Er zeigt nicht die Persönlichkeit einer Person, sondern eine bestimmte Art und Weise, wie jemand gerade denkt. De Bono beschreibt die Vielfalt der Hüte als eine Abwechslungsmöglichkeit, um Zuschreibungen zu vermeiden. Hüte stellen daher keine Kategorien dar (vgl. de Bono 1993, S. 75). „Im deutschen Sprachgebrauch stehen Hüte eher für Rollen, die man einnimmt" (Novak 2011, S. 46), die symbolisch zu betrachten sind. Man kann mit einem Hut eine bestimmte Rolle einnehmen und wieder ablegen. Einen

wesentlichen Vorteil des Hutes sieht man eben darin, ihn bei Bedarf auf- bzw. abzusetzen. Im Folgenden werden alle sechs Hüte kurz erklärt und dargestellt.

 *Weißer Hut* steht für Fakten und Tatsachen bzw. alle formellen und informellen Informationen, die vorhanden oder zu beschaffen sind.

 *Roter Hut* steht für Intuitionen, Gefühle und Emotionen. Entscheidungen werden oft auf der Basis von Gefühlen für eine Sache getroffen, auch wenn ausreichend Informationen zu Verfügung stehen.

 *Schwarzer Hut* steht für das kritische Urteilen und fokussiert sich auf alle Tatsachen, Probleme, Schwierigkeiten und Gefahren. Des Weiteren ist vom Träger des schwarzen Hutes auch die Begründung einer Kritik / eines Einwandes zu erwarten. Das logische Denken ist hier gefragt

 *Gelber Hut*, im Gegensatz zum Schwarzen, konzentriert sich der auf die positiven Aspekte. Hier stellt sich die Frage nach dem Nutzen und den Vorteilen, die mit einer bestimmten Idee assoziiert werden.

 *Grüner Hut* möchte Raum für kreatives Denken schaffen. Neue Ideen werden hier erarbeitet. Alternativen zu den Kritikpunkten des schwarzen Hutes können hier generiert werden und der Fantasie soll keine Grenzen gesetzt werden. Es wird vom Träger des grünen Hutes erwartet, sich zwangfrei um Neues zu bemühen..

 *Blauer Hut* steht für das Moderieren anderer Hüte. Der betrachtet die Besprechung oder Diskussion aus der Vogelperspektive und sorgt für den gemeinsamen Überblick, für Disziplin und das weitere Vorgehen. Träger dieses Hutes achten darauf, dass vorm Ende der Sitzung Entscheidungen gefällt werden

(vgl. de Bono 1993, S. 74ff; Novak 2011, S. 45ff)

Diese Methode dient zur Einführung ins Laterale Denken, das in einem formalen Setting kennengelernt und erprobt werden kann. Durch die parallele Ordnung der Gedanken oder Ideen besteht die Möglichkeit eine Situation von mehreren Blickwinkeln aus zu betrachten. Die Ordnungsfunktion, die dabei ermittelt wird, zielt nicht nur auf die Strukturierung und Wahrnehmung der eigenen Gedanken ab, sondern schafft in der Gruppeninteraktion sinnvolle Transparenz. Dadurch, dass Hüte anstelle von Gedanken und Ideen stehen, besteht kein Anlass für Missverständnisse und Verwirrung. Die Gedankenvielfalt vermeidet das Ausblenden von potentiellen Informationen, fördert die eigene Reflexion und ermöglicht eine umfassende Meinungsbildung, wenn eine Entscheidung getroffen werden muss. Im Unternehmenskontext wurden positive Erfahrungen dokumentiert, da Besprechungen und Diskussionen in einem solchen Rahmen am meisten zum Einsatz kommen (ebd.). Die Methode kann aber flexible und unterschiedlich angewendet werden

2.3.2 Techniken: Startpunkt Fokus (Entry Points)

Man kann bei der Betrachtung von Problemen mindestens drei Typen erkennen (de Bono 1986, S. 165):

- Es gibt Probleme, die durch mehr Informationen gelöst werden können
- Es gibt Probleme, die durch eine Neuanordnung verfügbarer Informationen gelöst werden können
- Es gibt Probleme, die aber nicht als solche wahrgenommen werden. Ihre Lösung ist am schwierigsten

Die Entwicklung von Ideen im LD setzt deshalb voraus, Probleme bzw. ihre Art nicht beliebig zu bestimmen, sondern sich zuerst auf ihre genaue Identifizierung zu fokussieren. In diesem Verfahren geht es darum, nach dominierenden Ideen zu suchen, entscheidende Faktoren und Polaritäten zu erkennen, sowie sich der begrenzten Umständen bei der Problembetrachtung bewusst zu werden. Wenn dieser Schritt getan ist, dann kann man von dem jeweiligen Ausgangspunkt konkret nach Lösungsideen suchen.

Eine Möglichkeit, wie man Zugang zu problemidentifizierenden Ideen schafft, lässt sich durch zwei Arten von Fokussen realisieren (vgl. Novak 2011, S. 19ff). Selbst wenn man in der Lage ist ein Problem zu benennen, ist hinsichtlich seiner Lösung die Zuordnung zu einem Themengebiet notwendig. Der aktuelle Stand des Managementthemas in der Sozialen Arbeit hängt mit dem gewählten Zugang zusammen, weshalb Lösungen unter den dort gegebenen Bedingungen denkbar sind. Die gängigen Ideen können aus der ethischen Betrachtung, aus dem Führungsbedarf, aus der Disziplin oder Finanzierung hergeleitet werden. Je nach Prämissen kann die eigentliche Lösung der Problematik sehr unterschiedlich aussehen. Hat man nicht die richtige Prämisse gewählt, wird die Lösung auch nicht gelingen.

Der Gebietsfokus gibt den Rahmen, innerhalb dessen neue Ideen gesucht werden sollen und lenkt die Aufmerksamkeit auf Chancen und Möglichkeiten. Die Entwicklung eines attraktiven Konzeptes für Absolventen (im In- und Ausland) kann angesichts des Fachkräftemangels eine mögliche Alternative sein, deren Erarbeitung man dem Gebiet des Personalmanagements zuordnen kann.

Oder man sucht die Lösung in der Politik bzw. übergibt sie anderen externen Stellen.

Die Frage nach dem „Warum Ideen gesucht werden" richtet sich auf die konkrete Formulierung von Ideen und erfordert eine andere Suchqualität. Der Fachkräftemangel kann mit dem Ausbau oder mit der Aufrechterhaltung einer bestehenden Dienstleistung zu tun haben. Die Klärung der „Warum-Frage" bedarf deshalb einer genauen Präzisierung der zu entwickelnden Ideen. Vor diesem Hintergrund hängt die Verfolgung des Suchziels mit der Intention zusammen. In der sozialen Branche werden besonders in der Pflege dringend Fachkräfte gesucht, weil die Aufrechterhaltung der bestehenden Dienstleistungen sonst gefährdet ist. Insofern wird unter diesen Umständen zunächst die quantitative Seite des Problems in Fokus genommen.

Möglicherweise fällt es den meisten Menschen leichter ein Problem im Sinne des Zweckfokus zu identifizieren. Kreative Lösungen unter dieser Perspektive können aber kurzlebig sein, da auch andere Wettbewerber aufgrund der gleichen Fragestellung suchend sind. Innovation im engeren Sinne braucht daher Gebietsfokusse, d. h. die Suche nach Bereichen, die von anderen noch nicht aufgegriffen wurden. Darin liegt die Schwierigkeit, aber auch die Stärke dieses Fokus. Wie man mit dieser Technik im Endeffekt umgeht, ist eine Frage der Wahrnehmung. Eine polarisierende Tendenz, ein dominierender Faktor oder innovativer Zugang im Management der Sozialen Arbeit mag unterschiedlich oder gar nicht wahrgenommen werden, aber professionsbezogene Hilfe ist dann gegeben, wenn die Rahmenbedingungen der Disziplin eingehalten werden. Die Fähigkeit dies in der Praxis zu erkennen hängt mit der Wahrnehmung der jeweiligen Führungskraft zusammen. Als ein erster Schritt kann diese Technik eine sinnvolle Orientierung geben. Weitere Techniken bauen unter Umständen auf diesen Schritt auf und weisen Erfolg auf, wenn ein passender Ausgangspunkt herausgearbeitet wurde.

2.3.3 Techniken: Veränderung von innen

Ein Ausgangspunkt in der oben genannten Technikgruppe entsteht durch den Einsatz von wahrnehmungs- und reflexionsbezogenen Leistungen. Dann können Ideen entwickelt werden. Laterales Denken beschränkte sich auf die Identifizierbarkeit von Problemen oder Ideen. Das Verfahren unter diesem Punkt geht von der Annahme aus, dass die Herbeiführung von Diskontinuität im Denken die Sichtweise völlig verändert und deshalb neue Ideen von einem komplett neuen Ausgangspunkt aus entstehen. Oft entspricht die Benennung eines Problems der üblichen Ansicht (wie das Beispiel mit dem Fachkräftemangel). In der Anwendung dieser Technik ist der springende Punkt, bei jeder erkannten Richtung das direkte Gegenteil zu überlegen und zu bilden. Umkehrung wird als die Möglichkeit gesehen, von der bestehenden Ansicht die entgegengesetzte Richtung anzugeben. Zum Beispiel:

Tabelle 2: Beispiel zur Technik Umkehrung

Übliche Ansicht	Umkehrung
Doktorand sucht Dissertationsthema	Dissertationsthema sucht Doktorand
Soz. Organisationen brauchen entsprechendes Management	Entsprechendes Management braucht soz. Organisationen
Führungskraft leitet Mitarbeiter an	Mitarbeiter leiten Führungskraft an

Auch wenn die Umkehrung im ersten Augenblick unlogisch klingt, stellt sie keine Lösung, sondern den Ausgangspunkt dar. Mit der Entstehung der neuen Formulierungen wurde die Denkrichtung (innerhalb der Ansicht, daher Veränderung von innen) unterbrochen und ein völlig neuer Blickwinkel herbeigeführt. Welche Ideen können nun entwickelt werden? Die Tatsache, dass soziale Institutionen sich auf die Adaption von betriebswirtschaftlichen Managementinstrumenten konzentrieren, ging von dem unmittelbaren Bedarf aus. Der neue Ausgangspunkt lautet: soziale Organisationen agieren bestimmend im Management. D. h. die Organisation ist maßgebend in der Suche oder Erarbeitung eines Managements. Von diesem Standpunkt aus können konkrete Ideen generiert werden.

Dass es Aufgabe der Führungskraft ist Mitarbeiter anzuleiten, entspricht der üblichen Ansicht, aber in der Gestaltung dieser herausfordernden Aufgabe kann die neue Perspektive zu neuen Konklusionen führen. Die Führungskraft richtet sich nach dem Bedarf ihrer Mitarbeiter und versucht diese in Erfahrung zu bringen. Sie geht somit von einem mitarbeiterorientierten Bedarf aus, der eher der Wirklichkeit entspricht, anstatt sich von Hypothesen leiten zu lassen.

Innerhalb dieser Technik besteht die Möglichkeit Diskontinuität auch unter dem Gesichtspunkt der Verdrehung herbeizuführen. Man kann eine umgekehrte Situation sogar soweit übertreiben, dass sie nicht mehr vernünftig ist und man sich von der ursprünglichen Betrachtung meilenweit entfernt. Die Herstellung dieser unmöglichen Situation dient kurzfristig der Generierung von neuen Ideen, die anschließend nach den konventionellen Grundsätzen weiterentwickelt werden. Im Falle der oben genannten Beispiele könnte man sagen, dass Mitarbeiter Führungskräfte anleiten, weil diese völlig ungeeignet sind *oder* Mitarbeiter brauchen gar keine Führungskräfte. Daraus kann man z. B. die Idee ableiten, eine Führungskraft arbeitet so gut, dass sie sich entbehrlich macht. Oder man entwi-

ckelt zusammen mit den Mitarbeitern ein konkretes Führungsprofil, das den rea-
len Erwartungen entspricht usw.

Die hier vorgestellten Techniken haben die Veränderung von innen zum
Gegenstand und sind deshalb leicht handhabbar und umsetzbar. Man kann allerdings eine Stufe weiter gehen und ein Problem oder eine Situation mit Hilfe von
Techniken behandeln, die die Einflussaufnahme von außen erlauben. Diese werden im nächsten Punkt kurz thematisiert.

2.3.4   Techniken: Veränderung von außen

Eine Möglichkeit Veränderungen von außen herbeizuführen kann nach dem Zu-
fallsprinzip erfolgen. Den heutigen Fortschritt hat man vielen zufällig entstandenen, innovativen Ideen zu verdanken. Das Eis am Stil, der Kugelschreiber, die
Entwicklung der Stichsäge, der Rasentrimmer u.v.m. sind Erfindungen, deren
Ideen ohne große Anstrengung hervorgebracht wurden (vgl. Novak 2011, S.
25f). Der Einsatz der Zufallseinstiegstechnik basiert in diesem Kontext auf der
bewussten Einführung von Diskontinuität durch Einflussnahme. Die Verwendung von Zufallswörtern wird als Anregung verstanden, erfordert jedoch einen
disziplinierten Umgang mit der zufälligen Auswahl der Wörter. Diese dienen eigentlich nur der Herstellung der Verbindung mit der Problemsituation. Als Quelle für Zufallswörter können ein Lexikon, ein Buch, eine Zeitung oder ähnliche
Schriftmedien dienen. Das ausgewählte Wort kann ein Verb, Adjektiv oder Sub-
stantiv sein. Am besten eignet sich jedoch letzteres, da man für das weitere Verfahren einige Eigenschaften oder weitere Verbindungen von diesem besser
brauchbar machen kann. Mit dem Wort „Vogel" können z. B. folgende Verbindungen assoziiert werden: Flug, Perspektive oder Blickwinkel, Freiheit, Grenzenlosigkeit etc. Nach einer Ansammlung von möglichen Bezugswörtern kann
eines von diesen in einem zweiten Schritt in die Problemsituation hineingebracht
werden, um daraus Ideen entstehen zu lassen. Zu dem Beispiel „Doktorand sucht
Dissertationsthema" könnte man mit Hilfe des Wortes „Grenzenlosigkeit" auf
die Idee kommen, die Suche nach dem Thema über die Landesgrenzen hinaus zu
erweitern oder nach einem Thema in den verwandten Disziplinen zu suchen etc.
Solche Ideen können dann zum Anlass genommen werden, die weitere Suche in
die gewünschte Richtung zu lenken.

Eine weitere Technik, die eine erforschende Geisteshaltung verlangt, beruht
auf der Verwendung von Analogien. Analogien sollen Prozesse oder Abläufe
darstellen, die alltagsnah sind, wie zum Beispiel Angeln, Eierkochen, Hausbau-
en, Brotbacken etc. Eine Analogie sollte willkürlich ausgewählt werden, da sonst
die Gefahr besteht, dass man diejenigen sucht, die der Situation am besten ent-

sprechen, aber wenig brauchbare Ideen hervorbringen. Deshalb ist es bei einer Analogie sehr wichtig, dass sie Lebendigkeit und Eigenleben aufweist und möglichst keine abstrakten Elemente beinhaltet, sondern mit konkreten Bildern gefüllt ist. Die Anwendung einer Analogie darf solange genutzt werden bis man im Verlauf der Übertragung einen wichtigen Moment entdeckt, in dem potentielle Ideen generiert werden. Wie kann eine Analogie in der folgenden Problemsituation genutzt werden?

Stellen wir uns vor, die Mitarbeiter des Servicebüros (Frontoffice) vom Amt für Jugend und Familie sind ständig mit komplexen Anfragen konfrontiert, die nicht nur viel Zeit in Anspruch nehmen, sondern zunehmend zu Kundenunzufriedenheit führen. Oft sind solche komplexen Anfragen mit einem höheren Koordinierungsgrad verbunden, weshalb man eine entsprechende Lösung sucht, die die Anliegen der Kunden schneller in die richtige Bahn lenken. Als Analogie hat man sich für den Prozess des Eierkochens entschieden. Der Topf, in dem die Eier gekocht werden, stellt die Organisation dar; die Eier sind die Mitarbeiter. Bevor die Eier in den Topf kommen, müssen sie angestochen werden, damit die Schale sich beim Abschälen besser ablösen lässt. Das Anstechen der Eier kann als Parallele für den Informationsinput bei Mitarbeitern genommen werden, welcher zu besserer Mitarbeiterentfaltung verhilft. Möglicherweise setzt die gegebene Situation ganz spezielles Know-how voraus, über das die betroffenen Mitarbeiter nicht verfügen. Im Rahmen der Personalentwicklung kann die Situation hinsichtlich der Erstellung eines adäquaten Fortbildungsplanes analysiert und eine entsprechende Lösung erarbeitet werden.

Die Transferleistung in der Anwendung von Analogien ist nicht immer leicht, aber LD bietet den Vorteil, den Prozess flexibel zu halten, wenn eine bestimmte Analogie nicht weiterbringt. Man sucht sich in diesem Fall eine andere Alternative.

Techniken im LD sind Instrumente, die keine direkte Lösung hervorbringen, sondern die Bereitstellung von potentiellen Ideen und Alternativen arrangieren. Die hier vorgestellten Techniken sind ein Bruchteil von dem, was man der einschlägigen Literatur entnehmen kann. Aber für den Einstieg sollen diese exemplarisch einen ersten Überblick verschaffen.

.

3   Empirisches Forschungsdesign

3.1 Forschungsmethode

3.1.1 Fragestellungen

Auf der einen Seite nimmt diese Arbeit die Managementherausforderung der sozialen Institutionen und Organisationen in den Fokus und auf der anderen Seite wird dieser Herausforderung ein Konzept als eine mögliche Bewältigungsalternative gegenübergestellt. Die eigentliche Frage, die sich in diesem Kontext ergibt, setzt auf das outputorientierte Potential des Konzeptes, übertragen auf sozialwirtschaftliche Fragestellungen innerhalb der Sozialen Arbeit.

Im engeren Sinne wird zum einen intendiert, ob und inwieweit die Auseinandersetzung mit dem Konzept LD, hinsichtlich seines schöpferischen und reflexiven Gehaltes, das sozialarbeiterische Managementdenken beeinflusst. Und zum anderen wird nach den Chancen gesucht, die das Konzept bezüglich des Managements in der Sozialen Arbeit birgt, sowie nach den Perspektiven, die es für die Profession der Sozialen Arbeit von Bedeutung sein können.

Mit anderen Worten zielt das Erkenntnisinteresse auf das Lösungspotential des Konzeptes im Sozialmanagement ab, wobei die Beantwortung der Fragen die subjektbezogene Erfahrung und Beurteilung als Rahmen sieht. Insoweit ist es eine qualitative Annäherung an der Gewinnung empirischer Daten eine geeignete Alternative, auf die im nächsten Punkt näher eingegangen wird.

3.1.2 Gruppendiskussion als Methode

Aufgrund des Charakters der Fragestellungen wird für die empirische Datenerhebung das qualitative Design bevorzugt. Der Gegenstand qualitativen Forschens hat es mit der Frage nach den vorzufindenden „Sichtweisen eines konkreten Themas zu einer bestimmten Zeit an einem bestimmten Ort und in einem bestimmten Bereich" zu tun (Schirmer 2009, S. 76). Zum einen geht die Fragestellung von der Annahme aus, dass eine neue Konstellation dieses Themas eher einen abduktiven Charakter annimmt, der weder eine Hypothese ableiten lässt noch eine völlig neue Theoriebildung ermöglicht. Zum anderen besteht im Prozess der Gewinnung von Meinungen und Beurteilungen die Möglichkeit, Thesen zu generieren, auf die man sich in der Entwicklung von weiterführenden Ideen stützen kann. Die Auswahl einer qualitativen Methode hängt daher von verschiedenen Faktoren ab. Betrachtet man *Befragung* als eine Erhebungsmethode, mit der eine bestimmte Meinung in Erfahrung gebracht wird, ist es wichtig, auf die Form der Befragung zu achten. Die *Gruppenbefragung* stellt in der empirischen Forschung eine Sonderform dar, da diese – im Unterschied zu anderen Formen – von Kommunikation und Interaktion innerhalb der Gruppe gekennzeichnet ist (vgl. Lamnek 1998, S. 32f). Ausgehend von dieser Dynamik, aber auch aus organisatorischen Gründen bietet die Gruppe ein geeignetes Setting, um sowohl den Informationsinput als auch den reflektierten Austausch ermöglichen zu können.

Der Einsatz der Gruppendiskussionen ist sehr vielfältig. Es ist daher auch schwierig diesen genau beschreiben zu können, zumal ihr qualitativer Charakter oft mit der Absicht verbunden ist, Hypothesen zu generieren, also Neues aufzuspüren (vgl. ebd., S. 68). Dies ist üblich in der Markt- und Meinungsforschung, wenn es um die Entwicklung von neuen Produkten geht. Unter diesem Aspekt kann man zum Teil auch die Erhebungsabsicht dieser Arbeit verstehen, wobei als Produkt auch Ergebnisse in Form von Thesen sein können.

Loos und Schäffer (2001, 11ff) thematisieren die Methode der Gruppendiskussion, indem sie versuchen diese von anderen terminologischen Bezeichnungen wie Gruppengespräch oder Gruppeninterview abzugrenzen. Obwohl diese Bezeichnungen anscheinend oft als Synonym verwendet werden, sind die Autoren der Ansicht, dass die Gruppendiskussion mehr als ein Gespräch ist, wenn diese fremdinitiiert und fremdmoderiert wird. Als Merkmale hierfür nennt Lamnek (1998, S. 53) unter anderen die face-to-face Kommunikation, den vorgegebenen Diskussionsgegenstand und die Diskussionsdauer, in der eine soziale Gruppe (real oder künstlich) vorhanden sein muss.

Es wird angenommen, dass Voraussetzung für eine Diskussion das Vorhandensein des Wissens ist, worüber eine Meinung verlangt wird. Das ist wichtig bei der Entscheidung, welche Personengruppe zur Meinungskundgabe angesprochen werden soll. Die Gruppe bzw. die Gruppendiskussion im Sinne dieser Arbeit dient zur *Exploration der individuellen Meinung* (ebd., S.53), weshalb nicht der gruppeninterne Ablauf, sondern der inhaltliche Gegenstand vordergründig ist (ebd., 67).

Das Erkenntnisinteresse geht in dieser Arbeit vom Verfasser aus. Er übernimmt die Moderationsrolle in der Gruppendiskussion und versteht sich in dieser Rolle als Kenner des Konzeptes, aber seine Erkenntnisse in Zusammenhang mit der Einschätzung anderer „Experten" erweitern und vertiefen möchte (vgl. ebd., S. 129). In diesem Sinne gestaltet er die Diskussion bei Bedarf (z. B. hinweisend und erklärend) mit. Nach der Datenerhebung werden die dokumentierten Materialen zunächst mit der deskriptiv / interpretativ-reduktiven Inhaltsanalyse aufbereitet (siehe Lamnek 2005, S. 183ff). Die genaue und weitere Vorgehensweise und die Beschreibung der einzelnen Schritte werden im Punkt 3.4 behandeln.

3.1.3   Stichprobe und Auswahl der Teilnehmer

Aus der Recherchearbeit konnten keine thematischen oder sonstigen Bezügen des Konzeptes zur Sozialen Arbeit ersichtlich werden. Es wird daher angenommen, dass dieses Konzept im sozialen Sektor höchstwahrscheinlich nicht oder wenig bekannt ist. Auch das Coaching- und Fortbildungsangebot für Führungskräfte der Sozialen Arbeit hat oft – einer Recherche zufolge – das Erwerben betriebswirtschaftlicher und führungsbezogener Kompetenzen – zum Ziel. Vor diesem Hintergrund ist das Seminar als ein Rahmen für den inhaltlichen Input unerlässlich. Abhängig vom Erkenntnisinteresse, das mit einem qualitativen Rahmen verbunden ist, erfolgt im Anschluss an das Seminar die Gruppendiskussion. Da in der Beantwortung der Fragestellung das Erfassen der subjektiven Einschätzung und Reflexion der Diskussionsteilnehmer mit dem Management-Know-how zusammenhängt, sind Führungskräfte aus der Praxis nur bedingt als Zielgruppe geeignet. Daher bringen Masterstudierende, die sich mit Managementfragen der Sozialen Arbeit auseinandergesetzt haben, bessere Voraussetzungen mit. Ihre fehlenden Erfahrungen in einer Führungsposition stellt – bezogen auf die Beantwortung der Fragestellung – kein Hindernis dar. Bei vielen Führungskräften der Praxis kann das erforderliche Managementwissen im Vorfeld nur schwer geprüft werden und ist außerdem nicht automatisch gegeben. Die Masterstudenten des konsekutiven Masterstudiengangs Soziale Arbeit an der Hochschule Coburg haben sich bereits hinterfragend mit Managementthemen beschäftigt und bringen daher wichtige Grundlagen mit. Praktische Erfahrungen wären von Vorteil, sie können jedoch ein Nachteil sein, wenn man von einem starren Praxiskontext kommt. Letzen Endes wird mit dieser Arbeit ein erster Schritt getan, ein bestehendes Konstrukt zu beurteilen. Werden im Konzept wichtige Signale wahrgenommen, wäre dann in einem zweiten Schritt eine analytische Annäherung ans Konzept (z. B. bezogen auf seine praktische Brauchbarkeit) sinnvoll. Dafür sind aber disziplinbezogene Erfahrungswerte notwendig, die mit einer gewissen Zeitspanne verbunden sind.

Auch über die Zahl der Teilnehmer gibt es keine einheitliche Meinung. Je komplexer und detaillierter der Gegenstand ist, desto wichtiger ist es, dass die Gruppe klein ist (vgl. Lamnek 1998, S. 103). Für die Gruppendiskussion dieser

Forschungsarbeit konnten 3 Teilnehmer aus dem oben genannten Hochschulkreis rekrutiert werden (vgl. ebd., S. 101).

3.2 Das Seminar: OUT-OF-THE-BOX

Der Term *Out-Of-The-Box* wird als der Ausdruck definiert, der das nonkonforme, kreative Denken beschreibt (vgl. SearchCIO 2012). Die Bezeichnung versteht sich daher als eine Einladung sich auf das Neue einzulassen und regt zu einem Erfahrungsausflug ins Spannende an. Die praktische Orientierung des Seminars erlaubte – z. B. anhand von Übungen – das Experimentieren mit der lateralen Denkweise. Die Durchführung des Seminars orientierte sich an einem geplanten Ablauf (siehe Anhang), welcher mit nur wenigen Abweichungen umgesetzt werden konnte.

3.2.1 Durchführung

Unter diesem Punkt wird – neben den Rahmenbedingungen – die tatsächliche Umsetzung des geplanten Vorgehens aufgeführt. Dabei erfolgt die Darstellung in Tabellenform, in denen die Ergebnisse zum Seminarverlauf den entsprechenden Rubriken und Aktivitäten zugeordnet werden.

Das Seminar fand am 11.01.12, zwischen 09:00 und 13:00 Uhr in den Räumen der Fakultät Soziale Arbeit und Gesundheit an der Hochschule Coburg statt. Der Seminarraum wurde im Vorfeld für diesen Zweck reserviert. Die Ergebnisse wurden durch den Einsatz von Flipcharts, Notizen und Audioaufnahmen festgehalten. Die gesamte Übersicht wurde in vier Tabellen aufgeteilt.

Tabelle 3:   Seminarverlauf mit Ergebnissen – Teil I

Rubrik	Aktion	Ergebnisse
Vorstellungsrunde	Small Talk	Moderator und TN stellten sich vor. Diese sind Mitglied der Hochschule Coburg und besuchen den konsekutiven Masterstudiengang, wobei eine TN den Abschluss zu dem Zeitpunkt erworben hatte.
Einführung in das Seminar	Kurzvortrag	Moderator stellt das Thema vor und erläutert das Seminarvorgehen.

Rubrik	Aktion	Ergebnisse
Einstieg	Brainstorming zu:	Folgende Einrichtungen/Institutionen wurden zusammengetragen:
	Einrichtungen der Sozialen Arbeit	Sozialamt; Jugendamt, versch. Heime; Familienzentren und MGH; Jugendzentren; Schulsozialarbeit; Sozialpädagogische Institute; Bildungseinrichtungen; Beratungsstellen, Quartiermanagement; Werkstätte für Menschen mit Behinderung etc.
	Managementformen in der SA	Folgende Managementformen wurden zusammengetragen: Projekt-, Case-, Qualitäts-, Wissens-, Krisen-, Personal-, Change- und Organisationsmanagement
	Aktuelle Themen der Praxis der SA	Folgende Themen wurden zusammengetragen: Persönliches Budget; Management; Ehrenamt; Demographischer Wandel; Ökonomisierung etc.
	5-minütige Diskussion	TN diskutierten miteinander über *Vor- und Nachteile des Ehrenamts in der SA*. Die Diskussion wurde nach 5 min abgebrochen.
	Vorstellung der „6-Denkhüte"	TN erhielten Spickzettel mit einer Kurzfassung zu den Hütchen. Die einzelnen Hütchen wurden kurz und beispielhaft erklärt.
	5-minütige Diskussion	Nach der Vorstellung der 6-Hütchen wurden die TN aufgefordert, noch mal über das gleiche Thema zu diskutieren. Nach 5 min wurde die Diskussion abgebrochen.
	Auswertung der Diskussionen	Mit der Frage „Welche Veränderungen werden wahrgenommen?" wurden folgende Ergebnisse zusammengetragen: - Schafft mehr Struktur - Der Moderator ist für die gesamte Zeit sehr wichtig - Aussagen, die man macht, müssen überlegt, passend und geordnet gemacht werden - Hemmung vom Diskussionsfluss am Anfang - Selbstreflexion: man ist in der Lage, vor allem das eigene Gesagte zu ordnen

Tabelle 4:   Seminarverlauf mit Ergebnissen – Teil II

Rubrik	Aktion	Ergebnisse
Übungen zum Lateralen Denken	Texträtsel: *Monikas' Mutter hat 5 Töchter, Lalla, Lelle, Lilli, Lollo, ... Wie heißt die fünfte Tochter?*	Die TN sollten ein Texträtsel lösen, das durch eine logische Gedankenführung vom Anfang des Rätsels ablenkt. Eine TN konnte die Lösung erraten (Lösung = Monika). (Anm.: die wichtigste Information wird hier aufgrund des Musterdenkens ausgeblendet und nicht mehr wahrgenommen)
	Berechnung der Summe in max. 5min: *1 + 2 + ... + 99 + 100=?*	Die TN erhielten diese Aufgabe, die sie in höchstens 5 min lösen sollten. Nur eine von ihnen erzielte das Ergebnis in dieser Zeit. Moderator erklärte kurz, dass für diese Aufgabe nicht die mathematische Fähigkeit, sondern ein wenig laterales Geschick gefragt sei (Anm.: Aufgabe fördert das Generieren von unkonventionellen Alternativen)
	Besonderes Dreieck	Die TN erhielten die Aufgabe ein Dreieck mit jeweils drei rechten Winkeln zu zeichnen. Keiner der TN konnte eine Lösung vorschlagen. Eine solche „unmögliche" Aufgabe lässt sich nur in einer 3D Perspektive z.B. auf einer Kugel lösen. (Anm.: hier wird eine logische Behauptung herausgefordert)
	Wort- und Farbentäuschung	Die TN wurden der Reihe nach aufgefordert, nach dem Vorzeigen eines Blattes blitzschnell das Wort, das eine Farbe bezeichnet aber in einer anderen Farbe markiert ist, laut zu sagen. Alle Teilnehmer waren hier erfolgreich. (Anm.: hier werden Konzentration und Perspektivenwechsel gefordert)
	Ein besonderer Würfel	Eine Beschreibung der Aufgabestellung mit Lösung findet sich im Punkt 2.2.1 Keiner der TN konnte die Aufgabe lösen. (Die logische Behauptung der Unmöglichkeit wird herausgefordert)

Bis zu diesem Punkt konnten erste Erfahrungen gemacht und Interesse geweckt werden. Im Folgenden befanden sich die TN in der Vertiefungsphase.

Tabelle 5: Seminarverlauf mit Ergebnissen – Teil III

Rubrik	Aktion	Ergebnisse
	Theoretischer Input	Im Rahmen eines interaktiven PPP-Vortrages wurden Inhalte des Konzeptes näher vorgestellt.
	Vorstellung von Techniken	Techniken wurden kurz und beispielhaft vorgestellt.
	Gebiets- und Zweckfokus zu Beginn	Beispiele für den Gebietsfokus: *Der Managementbereich; Führung* Beispiele für den Zweckfokus: *Auflösung des Dilemmas; Nachwuchsförderung*
Vorstellung des Konzeptes	*Zufallstechnik*	Als Beispiel wurde der Einsatz eines Wörterbuchs, eines Textes, des Alphabets erwähnt. Mit Hilfe des Letzteren wurde das Wort „Vogel" ausgewählt. Die Eigenschaften, die man mit dem Wort „Vogel" assoziierte, wurden auf dem Flipchart aufgeschrieben. Zu der Eigenschaft „in die Höhe fliegen" wurde eine Parallele gesucht (z.B. = Betrachten aus Vogelperspektive). Dann können Ideen folgen.
	Umkehrung; Verdrehung	Beispiele: Führungskraft sucht Nachwuchs (übliche Ansicht) – Nachwuchs sucht Führungskraft (Umkehrung); Es gibt Fachkräftemangel in der Pflege (übliche Ansicht) – Fachkräfte in der Pflege sind im Überfluss (Verdrehung) etc.
	Analogien	Als Beispiel wurde der Prozess des Eierkochens gewählt und eine Analogie hergestellt (z.B. Topf=Umfeld eines Betriebes; Eier=Mitarbeiter; Das Anstechen steht für den Informationsinput usw.)
Anwendung	*Erarbeitung eines konkreten Falles*	*Gebietsfokus:* Management *Zweckfokus:* Führungsnachwuchsförderung *Ist-Stand:* Führungskräfte suchen Nachwuchs *Technik Umdrehung:* Nachwuchs sucht FK *Entstandene Ideen:* - Assessment – Center am Ende des Masterstudiums (Führungskräfte aus der Praxis werden hierzu eingeladen) - Facebook für Arbeitssuchende - Hochschule bietet Plattform für FK - Mentoring: Herstellung der Beziehung zwischen Masterabsolventen und Führungskräften der Praxis / Praktika für den Nachwuchs / Projekte → darauf wird später näher eingegangen.

Tabelle 6:   Seminarverlauf mit Ergebnissen – Teil IV

Rubrik	Aktion	Ergebnisse
Gruppendiskussion	*Diskussion zum Thema Laterales Denken*	Im Anschluss an das Seminar wurden die TN gebeten anhand vorgegebener Fragen eine Diskussion zu führen. Diese wurde durch den Einsatz eines Audiogerätes aufgezeichnet.
Abschluss	*Danksagung und Feedbackrunde*	Moderator bedankte sich (mit einer kleinen Aufmerksamkeit) für die Teilnahme und gab den TN die Möglichkeit ein kurzes Feedback über das Seminar abzugeben.

3.3 Analyseverfahren der Gruppendiskussion

3.3.1 Transkription

Die mit Tonband aufgenommenen Daten wurden in einem ersten Schritt transkribiert. Hierfür gibt es unterschiedliche Herangehensweisen, welche von den Fragestellungen bzw. Erkenntnisinteressen abhängig sind (vgl. Lamnek 2005, S. 174f). Aus diesem Grund wird in der Analyse der Textinhalte – vor dem Hintergrund der bereits im Punkt 3.1.2 erwähnten Erkenntnisabsicht – auf den thematischen Gegenstand eingegangen. Dadurch, dass die TN vom Thema nicht direkt betroffen waren, waren auch keine emotionalen Auseinandersetzungen zu erwarten. Die TN fungierten eher als Experten, die ihre Beurteilung und Einschätzung abgeben dürfen. Insofern wird auf nonverbale Vermerke in der Transkription verzichtet. Die Intention bleibt somit ausschließlich auf das Gesagte gerichtet.

Der Transkriptionstext beträgt einen Umfang von ca. 7 DIN A4 Seiten und wurde in kleine Absätzen gegliedert. Den TN wurde zunächst ein Namenscode „TN_Nr." zugeteilt. Den einzelnen Fragen wurden die entsprechenden Aussagen der Teilnehmer zugeordnet. Erklärungen bzw. Hintergrundinformationen zu einzelnen Aussagen oder Situationen wurden als Bemerkung aufgeführt. Die Darstellung der zu analysierenden Daten erfolgt in Tabellenform, um dadurch eine bessere Übersicht verschaffen zu können. Wie in der folgenden Tabelle auch ersichtlich, wird als erster Schritt die Aufbereitung der gesammelten Daten unternommen. Dieses Vorgehen entspricht nicht einer expliziten Form der qualitativen Analyse, sondern ist als Vorstufe zu verstehen, die sich nachfolgend an die deskriptiv-reduktive und interpretativ-reduktive Analysemischung anlehnt (vgl. Lamnek 2005, S. 178f).

Tabelle 7: Eingangsfrage

Transkript	TN_1	TN_2	TN_3
	Welches Management brauchen soziale Organisationen der Sozialen Arbeit?		
Ankerbeispiele (zitiert oder paraphrasiert)	Man muss differenzieren; es ist abhängig von der Trägerschaft (vgl. Abs. 1)	„Es gibt nicht das Management" (Abs. 2) Diese müssen auf die Einrichtungen angepasst werden. (ebd.)	k. A.

Bemerkungen: Wie am Anfang des Seminars (siehe Punkt Durchführung) sollte mit der Eingangsfrage abgetastet werden, ob und inwieweit die TN die Managementkomplexität und deren Herausforderung reflektiert haben.

3.3.2 Deskriptiv / interpretativ-reduktive Analyse

Unter der deskriptiv-reduktiven Analyseform ist die klassische „Cut-and-Paste" Technik zu verstehen (ebd., S. 183), bei der ein Konstrukt von Kategorien gebildet werden soll, während mit interpretativ-reduktiven Form die Reduktion des Textes auf das Abstraktionsniveau einhergeht (ebd., S, 198; Mayring 2002, S. 115). In der Literatur sind diese Analyseverfahren unter dem Oberbegriff „qualitative Inhaltsanalyse" zu finden, die überwiegend von Mayring erarbeitet wurde (vgl. ebd.). Er entwickelte zudem Auswertungsmodelle, mit deren Hilfe – je nach Fragestellung – eine systematische Analyse vorgenommen werden kann. Mayring selbst unterscheidet zwischen drei Formen der Herangehensweise im Analyseverfahren nämlich: Zusammenfassung, Explikation und Strukturierung. Die Zusammenfassung ist nichts anderes als ein anderer Ausdruck der deskriptivreduktiven Form, während Explikation die interpretativ-reduktive Analyseform darstellt. In der Analyse fließen sozusagen neben der Transkription auch Beobachtungen und Mitschriften als marginales Material mit in die Auswertung ein. Dies ist z. B. in der Bemerkungsspalte berücksichtigt. Manchmal wird von den Teilnehmern Bezug auf Seminarinhalte genommen, ohne dass ein Dritter in ihren Aussagen dies erkennt. In solchen Fällen ist es deshalb notwendig auf den Kontext hinzuweisen. Nun geht es im Folgenden zunächst darum, den Fragen genau die Textteile zuzuordnen, die für die weitere Analyse von Bedeutung sind (Reduktion). Pro Frage wurde eine eigene Tabelle erstellt. Vor dem Hintergrund der Validität als Gütekriterium (wobei Lamnek dies dem quantitativen Paradigma zuschreibt und für das qualitative Verfahren die Anwendbarkeit als begrenzt sieht: vgl. Lamnek 2005, S. 220) werden die in den Fragen enthaltenen Begriffe, die mit der Fragestellung korrelieren, zunächst gekennzeichnet. Diese werden in einem nächsten Schritt näher definiert und für die Bildung des Kategoriensystems aufgegriffen.

Tabelle 8: Die erste Diskussionsfrage

Transkript	TN_1	TN_2	TN_3
	Ist laterales Denken eurer Meinung nach *schöpferisch* und führt es zu neuen *Erkenntnissen?*		
Ankerbeispiele (zitiert oder paraphrasiert)	„Es hat Potentiale ..." (Abs. 4) im Zusammenhang mit Kreativität. Die Einführung des Konzeptes ist aufwendig und die Umsetzung langwierig. „... bis ich erstmal allen Mitarbeitern das verklickt habe und das die dann alle in ihren Hütchen-Denken drinnen sind, das stelle ich mir sehr langwierig vor und auch schwierig" (Abs. 5) Die Vorstrukturierung der Gedanken kann eine Diskussion effektiver machen. (vgl. ebd.) „Durch Struktur, weil ich denk, dadurch sparst du dir die Anfeindungen untereinander, weil du einfach die Aussagen anders zuordnen kannst." (Abs. 13)	„... es gut ist um einen gewissen Brainstorming-pool entstehen zu lassen, ..." (Abs. 3) Für Diskussionen oder die Entwicklung von Gedanken ist ein Ausgangspunkt notwendig. Die schöpferische Fähigkeit des Menschen braucht einen Anreiz, um genutzt zu werden (vgl. ebd.) Im Kontext der Teamsitzungen hilft die Hütchen-Methode, sich strukturiert vorzubereiten, um die Sitzung besser und zeiteffektiv gestalten zu können (Wortgebrauch „ergänzen") (vgl. Abs. 7) „Ja und ich finde es auch so, als Orientierung ganz gut ..." ; das ist vielleicht hilfreich, wenn man so eine erzwungene Struktur hat ..., die Gedanken zu ordnen ..." (Abs. 8) LD bzw. dessen Anteile können alleine durchgeführt werden und in der Gruppe können die neuen Ideen mit Hilfe der rationellen Analyse bearbeitet werden (vgl. Abs. 9)	k. A.

Bemerkungen: Die TN_1 reagiert im Abs. 13 auf eine Frage die sich auf eine Aussage des Moderators und die darausfolgende Frage der TN_2 bezieht.

Während es sich bei TN_2 in den Abs. 8 und 9 speziell um die Hüte-Methode handelte, bezieht sich der Absatz 10 auf die Anwendung von Techniken, mit deren Hilfe Ideen generiert werden, die in einem zweiten Schritt einer Analyse zu unterwerfen sind.

Das Gedankenkonstrukt der TN_2 im Abs. 9 war Bestandteil des Seminars und wurde mit Übungen veranschaulicht, so dass die alleinige Durchführung eher als eine Erkenntnis resultiert, die im LD immer mit einer individuellen Leistung verbunden ist. Die Begriffe „Rationelle" und „linke Hemisphäre" stehen für das lineare Denken, das dem LD gegenüber steht.

Tabelle 9: Die zweite Diskussionsfrage

Transkript	TN_1	TN_2	TN_3
		Welche *Unterschiede* im Denken konntet ihr im Laufe des Seminars beobachten bzw. feststellen?	
Ankerbeispiele (zitiert oder paraphrasiert)	k. A.	„Bei mir habe ich beim ersten (*Gespräch*) halt alles, was mir über den Kopf gekommen ist gleich geklagt und beim zweiten Mal habe ich diese Selbstreflexion" (Abs. 14) (Selbst)Reflexion muss man anwenden (ebd.) „Mir ist dadurch bewusst geworden als ich da mal die *Ideen* hier vorne hatte. Das ist, ja, der erste Schritt. Das ist dieses Erkennen, dieses Beobachten, dann fängt diese Reflexion an" (Abs. 15)	„Ich denke, das ist eine Methode, die man – wenn man die trainiert – besser dazu lernen kann, wo man einfach sein Denken ein Stück darauf ausrichtet, einfach weiterzudenken und das glaube ich, führt wirklich dann auch zum Erfolg" (Abs. 16) „Mit diesem Ansatz erhält man wirklich einfach eine andere Perspektive, ..." (Abs. 18). Der Fokus setzt sich auf die Lösung statt auf das Problem (vgl. ebd.)

Bemerkungen: Beim „Gespräch" bezieht sich TN_2 im Abs. 15 auf das Diskussionsgespräch vor und nach der Vorstellung der „6- Denkhüte". Mit „Ideen" meint TN_2 im Abs. 16 die Erklärungen zu den Hütchen, die die Teilnehmer während einer Übung erhalten hatten.

Tabelle 10: Die dritte Diskussionsfrage

Transkript	TN_1	TN_2	TN_3
	Welche *Chancen* seht ihr im Konzept?		
Ankerbeispiele (zitiert oder paraphrasiert)	In der Dienstleistungsentwicklung innovative Ideen finden, um Alleinstellungsmerkmale zu entwickeln (vgl. Abs. 24)	Durch die Gleichberechtigung von Ideen ist Partizipation von allen Mitarbeitern möglich. Es entsteht eine Plattform, in der Ideen ohne Ansehen des Status oder der Hierarchie willkommen sind. (vgl. Abs. 25)	Die Denkstrukturen im z. B. Kontext der Finanzierung von Projekten müssen hinterfragt werden. Der Blick über den Tellerrand hinaus soll für neue und bessere Alternativen sorgen. Kulturelle Hindernisse sollen überwunden werden (Bsp.: *Country-Festival*) (vgl. Abs.26-27)

Bemerkungen: Das *Country-Festival* ist ein kulturelles Ereignis, das seinen Ursprung in den USA hat und von den Deutschen adaptiert wurde. Es lässt sich besonders durch die typischen Outfits und die musikalische Richtung charakterisieren. Im Zusammenhang mit der hier aufgeführten Fragestellung erklärt der Moderator anhand eines Beispiels die sinnvolle Anwendung des LD (vgl. Abs. 33-34)

Tabelle 11: Die vierte Diskussionsfrage

Transkript	TN_1	TN_2	TN_3
	Wo ist der *Einsatz* des LD in der Sozialen Arbeit sinnvoll? (= *Perspektiven*)		
Ankerbeispiele (zitiert oder paraphrasiert)	In der strategischen Planung und Zielsetzung (Abs. 41) In der bottom-up Orientierung innerhalb der Organisation (Abs. 43)	In der Finanzierungsfrage: „… wenn das Budget gekürzt wird." (Abs. 36) Aber auch wenn Klientel wegfällt oder der Geldgeber „unmögliche" Forderungen stellt (ebd.)	Bei konzeptionellen Veränderungen die Inhalte der Arbeit überdenken und dem Mitarbeiter mehr Freiraum für seine persönliche Entfaltung geben. (vgl. Abs. 37-38) „Dass sie (meint Sozialpädagogen) z. B. irgendwas, eine bestimmte Tätigkeit nicht ihr ganzes Leben lang machen wollen, sondern dass sie ein Ziel haben, das sie verfolgen und da kann es z. B. auch sein, dass erst Pionierarbeit geleistet werden muss, um Dinge ins Leben zu rufen und dafür braucht dann dieses laterale Denken" (Abs. 45)

Bemerkungen: Moderator zeigt an einem Beispiel auf, wie und wo eine Veränderung möglich ist. Er deutet besonders auf die Wahrung der Qualität und die Prioritätensetzung der Organisationen vor dem Hintergrund der Finanzierung (Abs. 39-40)

Obwohl im Analyseverfahren des Textmaterials auch eine gewisse Auswertung mit einfließt, wird das theoriegeleitete Auswertungsverfahren eher unter nachfolgendem Punkt behandelt.

3.3.3 Das Kategoriensystem

Die Entwicklung von Kategorien kann deduktiv oder induktiv erfolgen (vgl. Lamnek 2005, S. 191). Dies hängt von der Forschungsfrage und vom Forscher ab. In der Datenerhebung wurde die Gruppendiskussion von Leitfragen gestützt, die sich aus der Fragestellung ergeben haben. Nachdem die einzelnen Fragen tabellarisch aufgeführt und die potenziellen Begriffe vermerkt wurden, kann in einem zweiten Schritt die Entwicklung der Kategorien zusammen mit ihren Definitionen dargestellt werden.

Die Fragestellung enthält zwei Dimensionen. Während das Seminar als Informationsvorschub diente, werden in der Diskussion die unmittelbaren Effekte thematisiert und beurteilt. Die Ergebnisse sollen dann dem Management in der Sozialen Arbeit gegenübergestellt werden. Daher werden bei der Fragestellung Antworten auf die Dimensionen Effekte und Transfer gesucht. Die erste Dimension ist nicht willkürlich ausgewählt worden, sondern ergibt sich aus dem Konzept selbst und den dokumentierten Erfahrungen. Die weitere Differenzierung in Kategorien soll eine etwas genauere Untersuchung des Erkenntnisgegenstandes herbeiführen. Die Herleitung der Kategorien orientiert sich deshalb vorwiegend an dem vorgestellten Konzept. Eine Übersicht kann der folgenden tabellarischen Darstellung entnommen werden.

Tabelle 12: Die Entwicklung des Kategoriensystems

Entwicklung des Kategoriensystems		
Gegenstand/ Fragestellung	**Dimensionen**	**Kategorien**
Outputorientiertes Potential des Konzeptes D. h. Gesamtergebnisse der Erfahrungen, die sich im Rahmen des Seminars ergeben haben, sowie deren Beurteilung im Managementkontext der Sozialen Arbeit	**Effekte** von Theodor W. Adorno griffig als Wirkung ohne Ursache definiert: als ein Eindruck, der auf den Rezipienten unmittelbar wirken soll, ohne dass sein Auftauchen motiviert oder begründet wäre (Quelle: wikipedia 2012a)	**Das Schöpferische** D. h. Das Vorhandensein von kreativen und produktiven Elementen. Im engeren Sinne und im Kontext des lateralen Denkens: ermöglicht es das Entstehen von Neuem?

Entwicklung des Kategoriensystems		
Gegenstand/ Fragestellung	**Dimensionen**	**Kategorien**
Outputorientiertes Potential des Konzeptes D. h. Gesamtergebnisse der Erfahrungen, die sich im Rahmen des Seminars ergeben haben, sowie deren Beurteilung im Managementkontext der Sozialen Arbeit	**Transfer** in der Pädagogischen Psychologie die Übertragung von Wissen und Fertigkeiten in neue Anwendungen (Quelle: wikipedia 2012b)	**Erkenntnisse** D. h. Reflexionsprozesse und neue/andere Einsichten, die durch den gesamten Input, ausgelöst werden. **Unterschiede im Denken** D. h. Gedankenkonstrukte, die durch die Auseinandersetzung mit dem Thema entstehen und wahrgenommen werden. **Chancen** D. h. positive Aspekte, in denen man einen potentiellen Einsatz des Konzeptes sieht **Perspektiven** D. h. Verbindungen, die in der Umsetzung des Konzeptes hergestellt und konkretisiert werden können.

3.4 Auswertungsverfahren

3.4.1 Qualitative Inhaltanalyse

Bis hier handelte es sich um das Aufbereitungs- bzw. Analyseverfahren des Textmaterials, das ausgewertet und interpretiert werden soll. Qualitative Inhaltsanalyse wird von Mayring als ein Auswertungsmodell gesehen, das sich flexible anwenden lässt. „Das Ergebnis dieser Analyse ist ein Set von Kategorien zu einer bestimmten Thematik, dem spezifischen Textstellen zugeordnet sind" (Mayring 2002, S. 117). Die weitere Auswertung und Interpretation richtet sich nach dem gesamten Kategoriensystem, das sich auf die Fragestellung und die entsprechende Theorie bezieht.

Deshalb liegt im nächsten Schritt die Intention darin, den Text hinsichtlich seiner Interpretation vorzubereiten. Den einzelnen Kategorien werden Stellen zugeordnet, die aus den bereits entworfenen Analysetabellen zitiert, paraphrasiert und kommentiert wurden. Für die Interpretation der Analyseergebnisse werden Transkriptionsdaten auf dem Abstraktionsniveau paraphrasierend reduziert und generalisiert.

Tabelle 13: Die Auswertung

Kategorien	Reduktion und Generalisierung
Das Schöpferische	- bietet eine Plattform für Brainstorming- Pool (Abs. 3) - Ausgangspunkt für die Entwicklung von Gedanken und Entfaltung des Schöpferischen im Menschen (ebd.) - Hat Kreativitätspotential (Abs. 4) - Pionierarbeit, um Dinge ins Leben zu rufen (Abs. 45)
Erkenntnisse	- die Umsetzung ist schwierig in der Organisation (Abs. 5) - schafft Ordnung (ebd.) - meidet zwischenmenschliche Konflikte (Abs. 12) - bietet sinnvolle Struktur in Sitzungen (Abs. 8) - schafft Orientierung im Denken (ebd.) - ist individuell anwendbar (Abs. 9) - Vorstufe für die lineare Analyse (ebd.) - Strukturen sind hinderlich (Abs. 20)
Unterschiede	- Reflexion wird ausgelöst (Abs. 14) - bewusster Umgang mit dem eigenen Denken (Abs. 15) - bewusstes Denken führt zur Selbstbeobachtung und -reflexion (ebd.) - Perspektivenwechsel im Denken findet statt (Abs. 17-18) - lösungsorientierte statt problemorientierte Denkausrichtung (Abs. 18)
Chancen	- in der Dienstleistungsentwicklung (Abs. 24) - Gleichberechtigung (Abs. 25) - Partizipation (ebd.) - Organisationsentwicklung (ebd., Abs. 31-34) - Innovation und Weiterentwicklung (Abs. 27)
Perspektiven	- im Finanzierungsbereich (Abs. 36) - interne Optimierung der Organisation (Abs. 37-38) - Mitarbeiterorientierung in der strategischen Planung (Abs. 38-41) - Innovation / Entrepreneurship (Abs. 44-45)

Um der Verdichtung der Analyse gerecht zu werden, erlaubt die interpretativ-reduktive Herangehensweise (hier die Explikationsform) innerhalb der qualitativen Inhaltsanalyse nach Mayring (2002, S. 114f) die Berücksichtigung zusätzlichen Materials. Hierzu lieferte das Seminar einige wichtige Ergebnisse, die im Rahmen der Übungen in Erfahrung gebracht werden konnten (siehe Punkt 3.2.2).

Unter der Rubrik *Einstieg* und Aktion *Auswertung der Diskussion* wurden hinsichtlich der 6-Denkhüte-Übung folgende Ergebnisse festgehalten:

- Die Anwendung der Methode schafft mehr Struktur
- Moderator ist für die gesamte Zeit sehr wichtig

- Aussagen, die man macht, müssen überlegt, passend und geordnet gemacht werden
- Hemmung des Diskussionsflusses am Anfang
- Selbstreflexion: man ist in der Lage vor allem das eigene Gesagte zu ordnen

Die Aussagen Nr.1 und 2 hängen überwiegend mit der Kategorie Erkenntnisse zusammen, da die Aussagen sich primär auf die 6-Denkhüte-Übung beziehen. Die Notwendigkeit eines Moderators hat die Phase der zweiten Diskussionsrunde in der gleichen Übung als Hintergrund. Dadurch, dass der Moderator mit dem Thema vertraut war und einen besseren Überblick hatte, musste er im Falle einer Abweichung der TN von der Rolle darauf hinweisen. Auch die Aussagen Nr. 3 und 4 sind eher der Kategorie Erkenntnisse zuzuordnen, wobei die Aussage Nr. 3 gleichzeitig als eine Feststellung der Denkweise in der ersten Diskussionsrunde gesehen werden kann und somit auch in die Kategorie Unterschiede fällt. Die Aussage Nr. 5 ist als eine Folge der zweiten Diskussionsrunde zu sehen, nachdem den TN Hilfsmittel zu den 6-Denkhüten gegeben wurden. Während der Diskussion merkten diese, dass in ihrer Argumentation ein klarer Bezug zur Rolle (Hut) erforderlich war, um eine angemessene Diskussion führen zu können. D. h. man musste seine Aussagen überlegen, überprüfen und dem jeweiligen Gedanken zuordnen, um diskutieren zu können, kurz: sie waren indirekt gefordert zu reflektieren.

In der Erarbeitung eines konkreten Falles (siehe Rubrik Anwendung) bestand die Möglichkeit, eine bestimmte Technik auszuprobieren. Aus zeitlichen Gründen war es nicht möglich, mehrere Techniken auszuprobieren, um dem schöpferischen Aspekt ein breiteres Erfahrungsspektrum geben zu können. Das stellten die Teilnehmer auch selbst fest, obwohl eine solche Vertiefung nicht beabsichtigt war. Deshalb wird hier darauf hingewiesen, dass sich Schlussfolgerungen nicht nur allein auf diesen Fall stützen, sondern in dem gesamten Kontext zu sehen sind. Die Ideen, die durch den Fall entstanden sind, werden zunächst analysiert. Ob diese sich praktisch umsetzten lassen, gehört in einen anderen Rahmen.

Bezogen auf den oben genannten Fall ist zu ergänzen, dass das Arbeiten mit der ausgewählten Technik anfangs für etwas Verwirrung sorgte. Genau an dieser Stelle löst laterales Denken einen wichtigen Effekt aus, aufgrund dessen kreative Leistungen angeregt werden. Am Ende der Diskussion liefert die TN_3 im Absatz 40 einen interessanten Beitrag. Sie bewertet LD indirekt als brauchbares Instrument, um „Pionierarbeit" zu leisten bzw. „Dinge ins Leben zu rufen". Das spricht für das schöpferische Potential des LD, wobei diese Aussagen als Perspektive eingestuft wurden.

3.4.2 Interpretation der Ergebnisse

Obwohl es für die Interpretation von qualitativen Daten kein explizites Modell gibt, findet man in der Literatur drei Formen von diesen, welche jedoch unter unterschiedlichen Gesichtspunkten behandelt werden. Loos und Schäffer sehen drei Arbeitsschritte im Interpretationsvorgehen: 1. formulierende Interpretation, 2. reflektierende Interpretation und 3. Diskursbeschreibung und Typenbildung (2001, S. 59). Lamnek behandelt diese Arbeitsschritte unter der interpretativ-rekonstruktiven Inhaltsanalyse, die die Ermittlung kollektiver Orientierungsmuster als Erkenntnisabsicht hat (2005, S. 203). Die eigentliche Intention liegt eigentlich in dem Vergleich von Diskussionsmustern (auch dokumentarische Interpretation genannt) bei mehreren Gruppendiskussionen, was aber in dieser Arbeit nicht der Fall ist.

Die formulierende Interpretation, auf die ich mich hauptsächlich stütze, meint den *immanenten Sinngehalt* (Mannheim 1980, S. 74ff zitiert in ebd. 62), eine Ebene, auf der man sich auf das konzentriert, was unmittelbar erfasst und gedeutet werden kann. Mögliche Motive oder Hintergründe bleiben außen vor, da diese Gegenstand der reflektierenden Interpretation sind, in der das Verstehen von Strukturen und Mustern (z. B. durch bestimmte Ausdrucksweisen oder Habitus) beabsichtigt wird (vgl. ebd., S. 63f). Elemente der reflektierenden Interpretation können allerdings nicht ausgeschlossen werden, da bereits im Analyseverfahren auf Kontexte und Hintergründe eingegangen wurde. Darüber hinaus lassen sich Deutungen auf das Kategoriensystem zurückführen, das nicht nur eine beschreibende Funktion hat, sondern alle bedeutenden Aussagen fragenübergreifend rekonstruieren möchte.

Für die Interpretation beziehe ich mich auf die Abbildung im Punkt 3.5.1. Dabei gehe ich die Kategorien einzeln durch und behandle diese erst mal univariat. Um Antworten auf die Fragestellungen formulieren zu können, werde ich die Kategorien in Zusammenhang mit den ihnen entsprechenden Dimensionen (horizontale Ausrichtung) betrachten. Im Anschluss daran erfolgt eine Zusammenfassung der Interpretation hinsichtlich der Fragestellung, um eventuelle Thesen entwerfen zu können.

Das Schöpferische. Die Erhebung der Daten war mit dem Seminar, als ein notwendiger Rahmen für das Vorstellen und Erproben des Konzeptes, gekoppelt. Für die Erprobung konnte anhand eines konkreten Beispiels eine Technik angewendet werden, so dass es Raum für die Generierung von eigenen Ideen gab. Für die TN war dieser Versuch das erste Mal und weil laterales Denken einen konträren Charakter zum linearen Denken hat, spielt die Zeit eine wichtige und sogar entscheidende Rolle in diesem Prozess. Wie schon erwähnt, war das Seminar nicht als Workshop konzipiert, um mit Hilfe der Techniken eine Generierung von Ideen zu vollziehen. Nichtsdestotrotz konnten Ideen insoweit zustande kommen, als ihre Entstehung für einen ersten Eindruck Anhaltspunkte liefern konnte. Wie die TN diese Erfahrung beurteilt haben, soll genauer aus ihren Aussagen hergeleitet werden.

Im vorgestellten Konzept wird ein Potenzial gesehen, das in Zusammenhang mit Kreativität verstanden wird. Des Weiteren ist für die Entstehung von Neuem ein Ausgangspunkt (etwas Konkretes), eine Art Plattform wichtig. Diese Sichtweise knüpft an den wegbereitenden Charakter des LD an, weshalb de Bono es von Kreativität abgrenzt und zu einer Vorstufe erklärt (vgl. mit Punkt 1.2.2). Neues ins Leben zu rufen bzw. Pionierarbeit zu leisten wird in Beziehung zu LD gebracht. Während Ersteres die Konkretisierung einer Vorstellung/Vision meint, versteht man unter Pionierarbeit eine „wegbereitende Arbeit, bahnbrechende Leistung auf einem bestimmten Gebiet" (Duden 2012). Insoweit scheinen die Eindrücke der Teilnehmer auf das schöpferische Potential des Konzeptes hinzudeuten.

Erkenntnisse. Wie den Aussagen der TN entnommen werden kann, setzte die Beschäftigung mit LD Reflexionsprozesse in Gang. Teilnehmer berichten hierzu unterschiedlich. Sie machten ähnliche Äußerungen hinsichtlich der Schaffung von Ordnung und Struktur im Denken sowie im Kontext eines Diskussionssettings. Man kann ihre Aussagen wie folgt konstruieren:

LD erfüllt eine Ordnungsfunktion sowohl auf der individuellen Ebene als auch auf der systemischen Ebene (in der Konfliktmeidung). Organisationsstrukturen werden gegenüber dem Ausleben dieser Denkweise als hinderlich gesehen und bewertet. Erkannt wurde eine besondere Funktion des LD, wenn es um die Analyse von Gedanken zu einem Sachverhalt geht. Durch diese Funktion wird eine sinnvolle Herangehensweise an Diskussionsthemen ermöglicht, von denen ein Team / eine Gruppe betroffen ist. Mit der Anwendung der 6-Denkhüte geht auch Effektivität in Sitzungen einher. Eine weitere Erkenntnis hängt mit der Einführung des Konzeptes in der Organisation zusammen, da die Aneignung dieser Denkweise nicht einfach ist. Eine solche Feststellung korrespondiert mit der Aussage de Bonos, dass im LD das Verlassen des logischen Denkens notwendig ist. Das Einführungsproblem bezieht sich auf die betroffenen Mitarbeiter einer Organisation, denen vermutlich eine andere Denkweise als die laterale unterstellt wird. Nicht unbedeutend ist auch die Aussage, dass LD individuell anwendbar ist.

Unterschiede. Vor der Gruppendiskussion bestand die Möglichkeit LD in praktischer Weise auszuprobieren. Ganz zu Beginn des Seminars fanden zwei je

5-minütigen Diskussionen mit dem gleichen Thema statt. Zwischen beiden Diskussionen wurde ein Informationsinput gegeben, bei dem es sich um die Vorstellung der einführenden Übung 6-Denkhüte handelte. In der zweiten Diskussion begann der Reflexionsprozess, auf den zunächst Bezug genommen wird. Im weiteren Verlauf des Seminars wird ein Perspektivenwechsel erkannt, der dann durch eine genaue Benennung konkretisiert wird.

Mit anderen Worten löste LD einen Reflexionsprozess aus, in dem man sein Denken beobachten kann und durch den man in der Lage ist, unterschiedliche Denkkonstrukte zu erkennen und diese auseinander zu halten. Die lösungsorientierte Perspektive ist ein Attribut des LD, was es von der linearen Analyse unterscheidet. Die Stärke des LD liegt in der Lösungsorientierung, weshalb alle Gedanken und Ideen zunächst gleichberechtigt behandelt werden. Mit dieser Sichtweise wird ein weiteres Potential des Konzeptes aufgespürt.

Chancen. In dieser Kategorie werden Aussagen dokumentiert, aus denen der Managementkontext erkennbar wird. Man kann diesem zwei Ebenen zuweisen. Auf der personenbezogenen Ebene kann man LD als ein Konzept sehen, das Raum für Teilhabe und Gleichberechtigung schafft. Damit ist eine Organisationskultur angesprochen, die sich von unten her orientiert (buttom-up). Als zweite organisationsbezogene Ebene kann man die strategische Perspektive herauslesen, die die Entwicklung der Organisation im Visier hat. Natürlich versteht man unter Entwicklung meist eine innovative Ausrichtung, in der der Blick auf das Neue gerichtet ist. In der Dienstleistungsentwicklung können aber auch Qualitäts- oder Optimierungsprozesse enthalten sein. Auf die gleiche Art und Weise kann man bei der Organisationsentwicklung argumentieren, während Weiterentwicklung und Innovation mit der Suche nach Neuem zu assoziieren sind.

Perspektiven. Diese letzte Kategorie ist meines Erachtens eng mit der oben aufgeführten Kategorie zu sehen. Ihr Unterschied liegt jedoch darin, dass unter Perspektiven eigentlich die Konkretisierung der Ideen, die sich aus der Kategorie Chancen ergeben, hervorgeht. Dies bedeutet, dass man sich in diesem Zusammenhang an dem Umsetzungsgedanken orientiert. Konkrete Bereiche wie Finanzierung oder die Ablauforganisation, die als Möglichkeiten genannt wurden, können beispielsweise als Ausdruck des Prinzips „Partizipation" gesehen werden. In diesem Zusammenhang wurde die Notwendigkeit angesprochen, Arbeitsinhalte auf ihre Aktualität und Validität zu überprüfen, was zur Veränderung von Zielen und Leitbildern führen kann (Anpassungsbedarf). Die Entwicklungsperspektive, mit der auch innovative Leistungen verbunden werden, lässt sich beispielsweise in der Verfolgung der eigenen Ziele innerhalb oder außerhalb der Organisation realisieren.

Nach diesem ersten Interpretationsschritt sollen die Kategorien hinsichtlich ihrer Dimensionen relativiert werden. Dabei sollen mögliche Beziehungen untersucht und Aussagen gegenüber der Fragestellung konstruiert werden.

Dimension Effekte. In der Fragestellung am Anfang des dritten Kapitels wird erwähnt, dass das Forschungsinteresse auf dem outputorientierten Potential des Konzeptes liegt. Die Diskussionsfragen waren deshalb so konzipiert, dass man dadurch das, wofür LD steht und plädiert, im sozialwirtschaftlichen Managementkontext erwägen kann. Vor diesem Hintergrund wurden die Inhalte des Seminars daraufhin gerichtet, dass man einen ersten Eindruck gewinnt und dadurch in der Lage ist eine Beurteilung abzugeben. In der Tab. 12 wurde der Begriff *Effekte* ausgewählt und als der Eindruck, der auf den Rezipienten unmittelbar wirken soll, definiert. Obwohl die Gruppendiskussion einen vorwiegend direktiven Charakter hatte, war damit nicht die Überprüfung von Hypothesen beabsichtigt. Natürlich beinhalteten die Fragen Vorannahmen des Konzeptes. Zu erfassen waren jedoch alle potentiellen Effekte, die durch die Auseinandersetzung mit dem Konzept ausgelöst werden. In dieser Hinsicht konzentrierte ich mich bei der Analyse nicht primär auf dichotome Aussagen, sondern versuchte den zu analysierenden Text auf alle gegenstandsbezogenen Inhalte zu verdichten.

Interessant in der Analyse erschien mir der Erkenntniseffekt, den LD auslöste. Dieser war bunt, durch positive, aber auch kritische Noten gekennzeichnet. Durch Erkenntnisse aus unterschiedlichen Perspektiven konnten die TN auch Unterschiede im Denken feststellen und zum Ausdruck bringen. Man kann diesen Prozess vielleicht in der folgenden Darstellung besser und beispielhaft nachvollziehen.

Abbildung 4:   Der Erkenntnisprozess

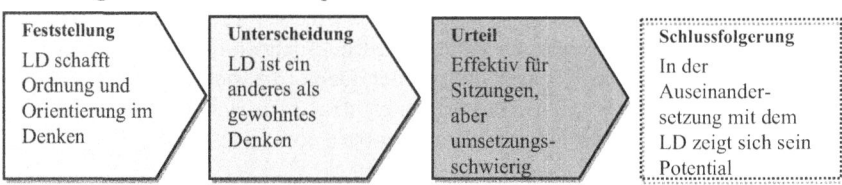

Im lateralen Danken liegt ein Augenmerk auf dem Perspektivenwechsel. Wenn es einem dieser Prozess gelingt, dann ist damit ein Grundstein gelegt, um dann laterales Denken auch in seinem schöpferischen Potential zu entdecken.

In vielen Übungen während des Seminars kamen die Teilnehmer an ihre Denkgrenzen, denn diesen Übungen lag ein rätselhafter Gehalt zugrunde. Anders ausgedrückt, steckt oft hinter vielen Informationen eine ungewohnte Zusammensetzung (oder Struktur), die man erst zu erkunden hat. Manchmal muss man die vorhandenen Informationen anders zusammensetzen und manchmal ist es notwendig neue zu suchen oder zu generieren. Dass eine Einführung des LD oder dessen Anteile umsetzungsschwierig scheint, deutet auf eine persönliche Erfahrung hin. Und aufgrund dieser Erfahrung erfolgt diese Beurteilung, die seine Berechtigung hat. Für die Effektdimension liefert sie jedenfalls wichtige Indizien.

Dimension Transfer. Die eigentliche Frage hier richtet sich auf die Umsetzbarkeit des Konzeptes. Wie an anderer Stelle erwähnt, konnte an einem konkreten Beispiel eine bestimmte Technik angewendet werden, wobei die Beurteilung nicht alleine auf diesen Fall zurückzuführen ist. Die Ergebnisse waren eine Ansammlung von Ideen, die in einem zweiten Schritt der linearen Analyse unterliegen sollen. Damit hat LD in der Generierung von Ideen seine Arbeit geleistet. Welche Idee brauchbar ist bzw. werden kann, das hängt mit dem Thema und anderen Faktoren zusammen. Das erfragte Potential des Konzeptes konnte auch von den Teilnehmern festgestellt werden. Welcher Output sich genau ergeben hat, wird nochmals aufgeführt.

Mit Output ist nicht ein Endprodukt, also die Entstehung eines Managementkonzepts oder einer Methode gemeint, sondern die Gesamtheit aller Ergebnisse. Ein Transfer auf der Personalebene wurde bereits angedeutet. Man stellt sich beispielsweise die Umsetzung in der Gestaltung der Organisationskultur vor. Partizipation und Gleichberechtigung wurden als mögliche Kulturmerkmale abgeleitet. Auf der Organisationsebene sah man LD in der Entwicklung und strategischen Ausrichtung der Organisation. Aber auch unter dem Innovationsaspekt wurde LD als brauchbares Instrument beurteilt.

Um nochmals auf die entstandenen Ideen im Anschluss an das Seminar zurückzukommen, wäre es angebracht zu sagen, dass diese Ideen als solche und nicht als Meinung zu betrachten sind. Wie man mit diesen Ideen konkret umgeht und wie eine Umsetzung praktisch aussieht, wird im kommenden Kapitel behandelt.
Zusammenfassend lässt sich Folgendes sagen und festhalten:

- In der Auseinandersetzung mit dem LD konnten sowohl Reflexionsprozesse als auch das schöpferische Potential des Konzeptes erkennbar werden.
- LD löste unterschiedliche Effekte aus. Der Perspektivenwechsel und vor allem die
- Unterscheidung zwischen lateralem und linearem Denken konnten auch im Rahmen des Seminars erfahren werden.
- Seminarteilnehmer sehen im LD einige Chancen, aber auch Grenzen, die (in der Umsetzung) benannt werden konnten.

- Das Konzept enthält somit auch Potential für die sozialarbeiterische Managementthematik.
- Dieses Potential sieht man in Zusammenhang mit der Organisationskultur und der strategischen Ausrichtung der Organisation, die auch Innovation impliziert.
- Durch die Erprobung des Konzeptes konnten Ideen generiert werden, welche für ein weiteres Prüfen oder ihre Entwicklung zu Verfügung stehen.
- Aus der subjektiven Einschätzung und Beurteilung des Konzeptes resultiert ein brauchbares Gesamtergebnis, das wiederum reflektiert werden soll.

Dieses Ergebnis wird im kommenden Kapitel der konstruierten Problemstellung und Annahmen gegenübergestellt, mit der Intention, die Denkweise sowie Bereiche in Managementfragen anzusprechen, die für Führungskräfte der Sozialen Arbeit von Bedeutung wären.

4 Diskussion und Transfer der Ergebnisse

In diesem Kapitel wird also der Frage nachgegangen, die sich auf die Bedeutung und die Beziehung der Ergebnisse zur konstruierten Problemstellung bezieht. Es soll somit eine Transferarbeit geleistet werden, mit der der Managementkontext, das betroffene Subjekt und das institutionelle Setting, in dem das Subjekt eingebettet ist, einhergeht. Die in diesem Zusammenhang skizzierten Inhalte am Anfang dieser Arbeit wurden ausführlich behandelt und waren Ausgangspunkt für das hier angelegte Projekt. Zur Erinnerung soll nochmals das Fazit gezogen werden:

- Soziale Arbeit und ihr institutioneller / organisationaler Rahmen sind Dilemmas und Widersprüchen ausgesetzt.
- Soziale Organisationen der Sozialen Arbeit befinden sich in einer Managementkomplexität, die von Führungskräften zu bewältigen ist.
- Eine besondere Herausforderung für Führungskräfte ist es, für ihre Organisation das passende Management ausfindig zu machen.

→ Führungskräfte der sozialen Organisationen brauchen für das gegenwärtige und zukünftige Management adäquate Orientierung sowie andere / neue Wege, um mit den Herausforderungen entsprechend umgehen zu können.

Um hierfür systematische und entsprechende Antworten formulieren zu können, wird der Diskurs in zwei Teile gegliedert. Im ersten Teil werden in Zusammenhang mit der Managementproblematik bzw. den darin beobachteten Dilemmas und Widersprüchen diejenigen Aspekte diskutiert, die praktisch den Spielraum für die soziale Praxis bilden. Besonders dem Stellenwert der Sozialen Arbeit soll hier argumentativ Raum gegeben werden, da im Managementdiskurs die Berücksichtigung dieser Perspektive meines Erachtens eine erhebliche Schwierigkeit darstellt. Im zweiten Teil richtet sich der Blick auf eine mögliche Verwertung der hier dokumentierten Ergebnisse und die sich daraus ergebenden Schlussfolgerungen. Welche brauchbaren Informationen für die Führungskräfte abgeleitet und formuliert werden können, das wird im Anschluss daran erfolgen. Darauf aufbauend wird versucht, auch Handlungsempfehlungen als eine einführende Handreichung für Führungskräfte zu entwerfen.

4.1 Rahmenbedingungen aus dem Blickwinkel der Profession

Ausgehend von der Managementproblematik soll im Folgenden etwas genauer auf den Punkt gebracht werden, was man sich unter Dilemmas vorstellen kann und wo die Schwierigkeiten des Sozialmanagements beispielhaft liegen. Das Fazit der Ausführungen im Punkt 1.3.3 ist die Schlussfolgerung, dass Führungskräfte der Sozialen Arbeit sich in einem wandelnden Spannungsverhältnis befinden, das sich nicht einfach mit einem Managementmodell auflösen lässt. Wandel bildet somit den Rahmen, den man zwar konstruieren aber nicht richtig erfassen kann. Das macht die Arbeit einer Führungskraft umso schwieriger, wenn sie sich nicht auf irgendetwas verlassen kann. Man braucht – überspitzt gesagt – Orientierung für die Orientierung. Die Beschränkung auf die Dimensionen *Wandel* und *Komplexität* hängt primär mit ihrer Kontinuität sowie ihrem herausfordernden Charakter zusammen. Ein unangemessener Umgang mit diesen kann entscheidende Folgen haben, weshalb es wichtig ist, ein geeignetes Verständnis dafür zu entwickeln und diese kontinuierlich im Auge zu behalten.

4.1.1 Wandel und Komplexität

Die junge Disziplin des Sozialmanagements braucht ein theoretisches Konzept. Das ist die aktuelle Meinung von Wöhrle, der das angewandte Management der sozialen Organisationen bilanzierend thematisiert und kritisiert (vgl. Wöhrle 2012, S. 20). Angesichts der oft unübersichtlich eingesetzten Instrumente fordert er Manager heraus, für die Entscheidungen in ihren Organisationen „systematisch begründete Antworten" zu geben (ebd.). Auf der anderen Seite begrüßt er die rege Reaktion zum Thema Managementkonzepte nach einem Call-for-paper, das die Erfassung des aktuellen Standes des Sozialmanagements in der Sozialwirtschaft intendierte. Das Ergebnis war eine Sammlung von Beiträgen, die im Rahmen eines Bandes vorgestellt und diskutiert wurden. Seiner subjektiven Einschätzung nach handelt es sich in den Diskursen um „ »Delfin-Strategien«" (als Bild für den Sprung aus dem Gewässer), was die Verschaffung einer Übersicht in unübersichtlicher Umwelt meinte. Besonders seine Feststellung bezüglich der Umbauschwierigkeit scheint mir jedoch interessant.

> „Insbesondere die alten Vorstellungen von Organisationen als Maschinen mussten überwunden werden und es kamen systemtheoretische Modelle ins Blickfeld sowie Modelle, Organisationen als Kulturen zu betrachten. Als Anleitung für das Management fungierten Ansagen, einen Wandel zweiter Ordnung zu verfolgen, die nichts anders bedeutet, als eine Revolution hinsichtlich alter Denkweisen und Routinen zu bewerkstelligen und sich nicht mit kosmetischen Korrekturen und Anpassungen zu begnügen." (Wöhrle 2012, S. 20ff)

Abgesehen davon, mit welchen Übertragungsschwierigkeiten Vorgesetzte in den 90er Jahren konfrontiert waren, kann man dem obigen Zitat jedenfalls entnehmen, dass der Managementanspruch ein radikales Umdenken erforderte. Den Kontext, der da angesprochen wird, kann man als Synthese betrachten, in der der innere Wandel durch den äußeren bedingt wird. Wöhrle führt in seinem Beitrag weiter, dass hinsichtlich der Problemlösung und Umgang mit dem Neuen eine Organisation sich grundsätzlich nach ihr bekannten Mustern zu helfen weiß. Er benutzt den Begriff „Tunnelblick" (alle sehen die Anforderungen so, wie die Organisation es vorgibt, dass sie zu sehen sind) (ebd.), um gleichzeitig die Grenzen der Organisationen in diesem Zusammenhang aufzuzeigen. Dass soziale Organisationen mit Veränderungen in der Umwelt konfrontiert sind, zeigt sich in dem Managementdiskurs, der eigentlich mit der Suche nach einem Steuerungsmodell begann und heute fundamentale Fragestellungen zu bearbeiten hat. Denn Veränderungen struktureller Art wurden schon viel früher von Thiersch (2002) angesprochen, aber das waren Forderungen aufgrund des vernachlässigten Wandels der Lebenswelten. Das lebensweltorientierte Konzept von ihm erregte sogar die Aufmerksamkeit der Politik, die sein Konzept erstmalig im achten Jugendbericht berücksichtigte.

Aus der systemtheoretischen Perspektive ist die Führung einer Organisation ein System in der Umwelt, wo agiert wird und das System ist von dieser Umwelt abhängig (vgl. Schwarz u. a. 2002, S. 31 zitiert in Merchel 2009, S. 79). Denn gerade darin operieren Systeme, welche dem Einfluss von unmittelbaren und mittelbaren Aktivitäten in der Umwelt – sei es im lokalen oder globalen Kontext – ausgesetzt sind. Ein entscheidender Grund für die Komplexität beruht auf einige Besonderheiten sozialer Organisationen und ist auf der Steuerungsebene in der Sachzielorientierung und auf der Interaktionsebene in den sog. nicht-schlüssigen Tauschbeziehungen zu sehen (ebd., S. 77f). Während Ersteres die Steuerung von Organisationsentscheidungen als Gestaltungsstrukturmerkmal meint, bezieht sich Letzteres auf den mehrdimensionalen Austausch vieler Systeme, die beispielsweise in der Sozialen Arbeit an der Herstellung und Erbringung einer Dienstleistung beteiligt sind (ebd., S.77- 83).

Die These, dass Soziale Arbeit Dilemmas und Widersprüche zu bewältigen hat, ist zum Teil mit dem Hintergrund der Identitätsproblematik (im weiteren Sinne ihrer Legitimation) zu erklären, die bereits aufgegriffen und reflektiert wurde. Die von Kleve vertretene konstruktivistische Sichtweise erklärt diese Problematik vor dem Hintergrund der Identitätsfrage der Disziplin Soziale Arbeit, die sich an naturwissenschaftlichen Kriterien orientiert. Damit bleibt die Frage „was sozialarbeiterisch ist und bleibt, sowie wo in der Sozialen Arbeit Grenzen zu setzten sind" nicht erspart, sonst bräuchte man die Managementschwierigkeiten, die ein Spannungsfeld zwischen ökonomischer und sozialer Zu-

sammenhänge aufweisen, nicht thematisieren. Damit sind Dimensionen angesprochen, die vom Gegenstand über Auftrag bis hin zur ethischen Haltung gehen.
Es ist nicht Zweck dieser Arbeit an dieser Stelle einen ausführlichen
Diskurs zu leisten. Das soll nur als Indiz für die Komplexität verstanden werden,
in der sich Soziale Arbeit befindet. Um diese veranschaulichen zu können,
bringe ich im Folgenden einige Aspekte ein, die vorwiegend auf eigenen
Beobachtungen, Recherchen und Erfahrungen beruhen.

1. Soziale Arbeit ist in interdisziplinäre, kulturelle und lebensweltliche
Konstellationen eingebettet, so dass aus meiner Sicht nicht selten große Schwierigkeiten in der Problemdefinition und im diagnostischen Verfahren bestehen.
Armut, Kindeswohlgefährdung, Integration, Inklusion u.v.m. sind Beispiele für
umstrittene soziale Konstrukte, auch wenn man behauptet diese objektiv erklären
zu können. Das Problem hängt mit dem subjektiven Gehalt dieser Begriffe zusammen, woraus man ihre Bedeutung ableitet.

2. Auf die Tatsache, dass helfendes Handeln sich vorwiegend in Organisati-
onszusammenhängen ereignet (siehe auch Merchel 2010, S. 7), wurde bereits
hingedeutet. Das heißt, dass die Bewältigung des Sozialen in den vielfältigen Institutionen ausgehend von den definierten sozialen Problemen möglich wird (vgl.
Staub-Bernasconi 2009, S. 136). Abhängig von Aufgabenstellung, Zielrichtung
und Auftrag lassen sich soziale Institutionen und Organisationen erfassen. Öffentliche Träger sind für die Erfüllung des staatlichen bzw. gesetzlichen Auftra-
ges (top-down) zuständig und somit kann Hilfe oder Kontrolle nur in diesem
Rahmen stattfinden. Die freien Träger hingegen haben das Privileg des Subsidia-
ritätsprinzips, nach dem diese im Rahmen ihrer ideellen Verpflichtungen staat-
lich-übertragbare Aufgaben übernehmen (vgl. Klug 1997, S. 23). Da sie sich
selbst verwalten und im sozialen Markt konkurrierend und unternehmerisch agieren „müssen", kann es oft zu Diskrepanzen in der beruflichen und institutionellen Identifizierbarkeit führen.

3. Des Weiteren ist nur ein Bruchteil (ca. 6000) der Sozialpädagogen und
Sozialarbeiter Mitglied des Berufsverbandes DBSH, die dem Ethik-Codex verpflichtet sind (vgl. DBSH 2009, S. 9-11 sowie 45). Dieser Codex hat die Men-
schenrechte als Grundlage, auf der die Berufsprinzipien basieren. Die im sozialen Sektor beteiligten Wohlfahrtsverbände orientieren sich nicht nur an Men-
schenrechtsprinzipien, sondern leiten ihre Grundsätze – je nach Weltanschauung
– aus ihren eigenen (religiösen, sozialistischen, politischen etc.) Prinzipien ab.
Um dies an einem Beispiel zu konkretisieren, sei hier das Personalmanagement
erwähnt. Eine Anstellung (besonders für eine Führungsposition) bei der Caritas
erfordert die Zugehörigkeit zur katholischen Kirche, denn nur so besteht die
Möglichkeit den kirchlichen mit dem sozialen Auftrag zu harmonisieren. In einigen Feldern sind oft trägerbezogene ethisch-moralische Richtlinien (z. B. in der

Schwangerschaftskonfliktberatung) entscheidend für die Positionierung im gesellschaftlichen Diskurs oder in der Handlungspraxis.

4. Ferner agieren auf dem sozialen Markt mittlerweile auch gewerbliche Organisationen. Diese müssen sich nicht unbedingt an sozialen Maximen orientieren, wenn ihr Management von Gewinnorientierung charakterisiert ist. In der Pflege mag eine gewerbliche Dienstleistung Qualität versprechen, im (Weiter)Bildungsbereich, in dem gerade das Schicksal / Problem der Klienten für den Auftrag und die damit einhergehende Gewinnbringung bedeutend ist, verstecken sich politische Ziele.

Vor diesen genannten Punkten, vor allem wenn von einem Managementkonzept in der Sozialen Arbeit noch nicht ausgegangen werden kann, bedarf eine Führungskraft der Orientierung, die dem sozialarbeiterischen Auftrag gerecht wird. Die Orientierungsfrage bleibt somit offen, auch wenn Soziale Arbeit als Menschenrechtsprofession deklariert wird (normativ vom DBSH). In der Umsetzung sind der politische Wille, die gesetzlichen Rahmenbedingungen und der organisationale Kontext von ausschlaggebender Bedeutung.

Das Management an sich ist als Führungsinstrument notwendig, wenn man Routinen überblicken und steuern möchte. Damit kann man abhängig von der Ebene prinzipiell viele Bestandteile eines Unternehmens systematisch managen. Mit BSC (Balanced Scored Card) sollen z. B. die Organisationsziele so präzise und flächendeckend sein, dass man bei Steuerungsproblemen zielgerichtet intervenieren kann, aber dafür sind Kennzahlen und / oder Indikatoren notwendig. Wie entstehen diese und wie viel Objektivität lassen sie in einem sozialen Kontext zu? Die Mitarbeiterfluktuation lässt sich noch quantitativ messen, man erfährt jedoch nichts über die Hintergründe, die dazu geführt haben. Um diese in Erfahrung bringen zu können, ist eine sehr schwierige und heikle Aufgabe. Während die Altenpflege sich diesem Managementinstrument (BSC) bedienen kann, ist es dem Jugendamt dies in vieler Hinsicht nicht möglich. Es kann im Rahmen der Dasein-Fürsorgepflicht keine quantitativen Ziele formulieren bzw. erreichen, denn das ist m. E. gar nicht ihre Intention. Und es kann keine Ergebnisqualität beweisen, da es sich bei seiner Arbeit um die Steuerung von Hilfeprozessen handelt, welche mit hochkomplexen Dynamiken behaftet sind.

Die Beispiele unter diesem Punkt möchten vor allem auf die Komplexität hinweisen, mit der das Soziale verbunden ist. Anhand von diesen Beispielen kann man sich eher ein Bild von der Sozialen Arbeit machen, denn auf der Bühne der Alltagspraxis spielt sich die harte Realität ab.

Zu guter Letzt möchte ich noch zusammenfassen:

- Ein sozialarbeiterisches Managementkonzept in der Sozialwirtschaft gibt es (noch) nicht.
- Die Identitätsproblematik sowie die mit ihr einhergehenden Dilemmas innerhalb der Sozialen Arbeit können als Ausgangspunkt für die Schwierigkeiten in der Managementfrage gesehen werden.
- Soziale Organisationen sind Systeme in einer komplexen Umwelt, die die Gestaltung dieser Systeme bedingen kann.
- Soziale Arbeit und ihre sozialen Organisationen sind in schwierigen Konstellationen eingebettet und müssen darin agieren.
- Das Wesen der Sozialen Arbeit wird von den vielfältigen sozialen Organisationen unterschiedlich wahrgenommen und gedeutet.
- Dem Sozialen und den sozialen Problemen im Kontext der Sozialen Arbeit, bedingt durch die institutionelle Ausrichtung, lässt sich oft kaum oder nur teilweise mit Managementinstrumenten begegnen.
- → Wandel und Komplexität stellen somit nicht zu unterschätzende Rahmenbedingungen dar.

4.1.2 Das Kompetenzprofil der Führungskräfte

Soziale Institutionen und Organisationen sind nicht am Entstehen. Sie haben sich bereits in den staatlichen Gefügen und der Gesellschaft seit Jahrzehnten etabliert. Es musste daher in irgendeiner Form immer gemanagt werden, aber das Thema Leiten und Führen wurde erst in den 90er Jahren zum Gegenstand gemacht. Da begann die Wende in der institutionellen Steuerung, wovon die Finanzierung und die Organisationsstruktur unmittelbar betroffen waren. Aufzuarbeiten waren aus der Sicht Thierschs Managementdefizite, die sich in den starren Organisationsstrukturen immer stärker heraus kristallisierten (2002, S. 37).

Das Thematisieren des Managements ist nicht ohne das Subjekt zu denken, das es bewältigen soll. Warum Management und Führung im sozialen Bereich nicht ein explizites Thema vor den 90er Jahren war, sei dahingestellt. Dass es heute eine besondere Widmung im fachlichen Diskurs und Hochschulbildungsbereich zu beobachten ist, hängt größtenteils mit den Wandelprozessen auf vielschichtigen Ebenen zusammen. Allein wenn man einen Blick in die Milieuforschung werfen würde, beobachtet man einen starken Wandel in der Gesellschaftsstruktur, aus der neue bzw. plurale Lebensformen hervorgehen (Sinus 2012). Auch der zunehmende Einfluss der Europäischen Union auf die nationale Souveränität der einzelnen Länder schafft ganz neue Rahmenbedingungen, mit welchen sozialwirtschaftliche Konjunkturen zusammenhängen. Aufgrund von eben solchen andauernden Entwicklungstendenzen werden Wandel und Komplexität als Rahmenbedingungen behandelt.

In der Binnenperspektive sieht man die Notwendigkeit die Aufbau- und Ablauforganisation so zu konzipieren, dass ihr Bestand nachhaltig ist. In der Außenperspektive entscheiden Umgangsformen mit der Umwelt über das Schicksal der Organisation (vgl. König / Oerthel / Puch 2011, S. 13). Wandel (egal welcher Art) fordert somit Routinen heraus, Komplexität die Wahrnehmung.

In der inneren Entwicklung der Organisationen kristallisierte sich der Bedarf nach neuen Menschen- und Leitbildern heraus. Der soziale Mensch rückte zunehmend in den Mittelpunkt und gewann dadurch immer mehr an Aufmerksamkeit. Im sozialen Managementkontext heute zielt diese nicht nur auf die Adressaten, sondern auch auf das Personal ab. Deshalb verlangt das Personalmanagement sowohl die quantitative Verwaltung des Personals, als auch die Berücksichtigung personalbezogener Bedürfnisse (vgl. ebd., S. 12). Eine Führungskraft soll deshalb über Kompetenzen verfügen, mit denen Umwelt, Organisation, Mitglieder etc. mit all ihren Komplexitäten auf unterschiedlichen Ebenen bewältigt werden, kurz: Führungskräfte müssen eine systemische Sicht- und Herangehensweise pflegen (vgl. ebd., S. 14).

Eine entscheidende Kompetenz, die mir anspruchsvoll erscheint, aber eine übergeordnete Rolle spielt, bezieht sich auf das Wahrnehmungs- und Reflexionsvermögen einer Führungskraft als Voraussetzung dafür, dem Wandel und der Komplexität adäquat begegnen zu können. Übergeordnet deshalb, weil dadurch alle weiteren Kompetenzen (soziale, fachliche, methodische etc.) ihren zweckmäßigen Gebrauch legitimieren. Im Folgenden möchte ich wieder anhand eines Beispiels diesen Gedanken konkretisieren. Es handelt sich dabei nicht um ein fiktives Beispiel, sondern um eine Begebenheit, die im Rahmen einer Sitzung entstand und die ich aus meiner Wahrnehmung heraus zu rekonstruieren versuche.

Ausgangspunkt: Das Amt für Jugend und Familie möchte im Rahmen der Wahrnehmung seiner Aufgaben in der flexiblen Jugendhilfe Ehrenamtliche gewinnen und einbeziehen. Hierfür bildete sich eine Arbeitsgruppe mit dem Auftrag erste Ideen zu sammeln, die im Rahmen eines Plenums mit allen Beteiligten aus der Jugendhilfe vorgestellt und diskutiert werden.

Hintergrund: Die Jugendhilfe ist eine gesetzliche Leistung, die primär von den staatlichen Institutionen zu erbringen ist (vgl. SGB VIII). Ämter für Jugend und Familien sind öffentliche Träger, die der Erbringung von Hilfeleistung verpflichtet sind. Sie sind in der Kommunalverwaltung eingegliedert und finanzieren sich durch das Haushaltsbudget der örtlichen Kommunalverwaltung. Der Haushalt wird in Zukunft schrumpfen, die Hilfeleistungen nehmen jedoch zu. Aus diesem Grund sollen im Bereich der Pflichtaufgaben Wege gefunden werden, die die Aufrechterhaltung der Hilfeleistungen ermöglichen. Eine potenzielle Möglichkeit erweist sich in der Einbeziehung des Ehrenamtes.

Erste Zwischenergebnisse: Die Arbeitsgruppe besteht aus verschiedenen pädagogischen Fachkräften und trifft sich in bestimmten Abständen. Die bisher erarbeiteten Ideen bezogen sich auf den Bedarf und Inhalt der Ehrenamtsunterstützung. Folgende Ergebnisse wurden präsentiert:

• Erziehungshelfer müssen oft basale Hilfestellung leisten, die notwendig ist aber keine fachlichen Kompetenzen erfordert. Das Problem besteht darin, dass diese Zeit nicht nur begrenzt sondern auch mit einem hohen Stundensatz verbunden ist.

• Es besteht somit Bedarf an ehrenamtlicher Unterstützung besonders dort, wo pädagogische Fähigkeiten nicht zwingend notwendig sind (z.b. Begleiten, Ausfüllen von Anträgen, Lesehilfe, Haushaltshilfe etc.).

Diskussionsergebnisse: Nach der Vorstellung der Ergebnisse wurden Teilnehmer aufgefordert über mögliche Wege zur Rekrutierung von ehrenamtlichen Kräften und Übernahme von Aufgaben zu diskutieren. In der Diskussion teilten Teilnehmer kontroverse Meinungen. In den einzelnen Beiträgen wurde außerdem deutlich, dass viele Fragen formaler Art Klärungsbedarf haben, damit die Idee aus pädagogischer Sicht überhaupt diskutiert werden kann. Die Idee der Erleichterung von Leistungserbringern wurde mehrheitlich begrüßt, der Umsetzungsgedanke, der unter anderem zusätzlichen Einsatz für die hauptamtlichen Jugendamtsmitarbeiter und Leistungserbringer bedeutet, sorgte jedoch für Widerstand. In diesem Zusammenhang erklärte die Leiterin des Amtes für Jugend und Familie, dass eine Konzeption für das Ehrenamtsmanagement mit Sorgfalt zu behandeln sei, da neben fachlichen Aspekten scheinbar weitere wichtige (z. B. rechtliche, versicherungstechnische) Faktoren zu berücksichtigen sind. Bis zur nächsten Sitzung sollten diese Punkte geklärt werden.

Kommentar: Im obigen Beispiel handelt es sich um ein Versuchsprojekt, in dessen Rahmen die Eingliederung vom Ehrenamt in der flexiblen Jugendhilfe konzipiert und realisiert werden soll. Jedes Projekt, so auch dieses, hat einen innovativen Charakter. Was hier versucht wird, ist eine konzeptionelle Lösung in der Erbringung der Hilfeleistung zu erarbeiten, welche die Übernahme ergänzender

Arbeiten durch ehrenamtliche Kräfte vorsieht. Dies geschieht vor dem Hintergrund finanzieller Knappheit und zunehmenden Hilfebedarfs. Unter welchen Rahmenbedingungen entsteht und entwickelt sich dieses Projekt? Aus meiner Sicht sind es folgende Punkte:

* rechtliche Pflichten des Amtes (Hilfe muss gewährleistet werden)
* finanzieller Zwang (es muss gespart werden)
* gesellschaftlicher Auftrag (immer mehr Menschen brauchen Hilfe)
* Zumutbarkeit der Bewältigung durch Hauptamtliche
* Koordinationsanforderungen (Wer kümmert sich um was)
* Management (Rekrutierung, Ausbildung, etc)
* Kosten- und Nutzenverhältnis
* Qualitätsanspruch
* Definition und Abgrenzung von Aufgaben

Dass sich die Kürzung des finanziellen Etats auf die Bereitstellung vom Personal auswirkt, wird aus dem Beispiel ersichtlich. Zu den Rahmenbedingungen kann man noch eine Menge an Punkten hinzufügen, die berücksichtigt werden sollen. Selbst wenn die Rekrutierung der ehrenamtlichen Kräfte gelingen würde, müssten diese geeignet sein, um manche Tätigkeiten überhaupt ausführen zu können (Eignung, Alter, Belastbarkeit, Zeit sind nur einige Indizien hierfür). Solche Punkte kamen unter anderen in der Diskussion auf. Man fragte sich angesichts der hohen Komplexität nach dem Nutzen dieses Vorhabens.

Aus meiner Perspektive wird von einer Führungskraft unter diesen Umständen der Umgang mit Komplexität verlangt, die im Rahmen des oben genannten Beispiels eine höhere Wahrnehmung benötigt. Dafür ist erstens die Beschaffung von adäquaten Informationen notwendig, zweitens müssen diese reflektierend verarbeitet werden und drittens sollte man in der Lage sein, diese verwerten zu können. Auf dieser Steuerungsebene richtet sich eine Aufgabe der Leitung, „auf die *Beobachtung der Umwelt und die Gestaltung der Bezüge der Organisation zu ihrer Umwelt*" (Merchel 2009, S. 118, Hervorhebung im Original).

Kompetenzprofile für Führungskräfte in den sozialen Organisationen sind bereits erarbeitet worden (siehe ebd., S. 124-128). Diese ergeben sich aber aus der Tatsache, dass das Management sozialer Organisationen ihre Legitimation bedingt, und diese deshalb ökonomische Prinzipien zu berücksichtigen haben.

Um die Quintessenz der Abhandlung in diesem Punkt zusammenzufassen, möchte ich nochmals auf den Anspruch der Sozialen Arbeit im Management eingehen. Wenn Sozialmanagement Übersetzungsarbeit leistet, dann stellt sich die Frage, wie viel Soziale Arbeit sie berücksichtigen kann und welche Maßstäbe die Organisationspraxis bestimmen sollen. Praktisch gesehen bedeutet das:

Welcher Orientierung bedienen sich Leitung / Führung in der Steuerungsaufgabe und in welchem Verhältnis wird Soziale Arbeit zu anderen Systemen gesehen? Angesichts des Wandels und der Komplexität scheint das Kompetenzprofil einer Führungskraft genauso eine wichtige Voraussetzung in der Erfüllung der Managementfunktion zu sein, erst recht bei der Suche nach einem geeigneten Management. Wie Führungskräfte letzten Endes mit Kontexten wie im obigen Beispiel umgehen, hängt meines Erachtens direkt mit ihrer Wahrnehmungs- und Reflexionsfähigkeit zusammen, welche „... nicht nur Erfahrungen in der Sozialen Arbeit, sondern auch umfassendes Wissen (...) voraussetzt„ (Merchel 2009, S. 137).

4.2 Diskussion und Verwertung der Ergebnisse

4.2.1 Die Bedeutung der Ergebnisse im Kontext

Die Dimension, auf welche diese Arbeit das Subjekt Führungskraft anspricht, ist immaterieller (psychischer und sozialer) Art. Aus theoretischer Betrachtung stellt der Managementgegenstand ein so komplexes System dar, dass besonders im Kontext der Sozialen Arbeit reflexive Denkleistungen nicht zu entbehren sind. Der Sozialmanagementdiskurs macht mir den Anschein einem Mutationsprozess ähnlich zu werden, der das Wesen der Sozialen Arbeit berührt und zum Teil verändert. Anhand der Außenwahrnehmung (wie es beim DRK der Fall war) entstehen Bilder und Vorstellungen für die Soziale Arbeit, in der sich nicht nur das Primat der Hilfe relativiert, sondern auch die Stimme der Wirtschaft ihren Anspruch erhebt. Weil Systeme aus systemtheoretischer Sicht als autopoietische Konstrukte verstanden werden, ist es nicht vorhersehbar, welches Bild von der Sozialen Arbeit am Ende dieses Prozesses stehen wird. Wenn man mit der Analogie des *neuen Hauses* sprechen würde, wie es Roland Lutz in seinem Buch „Das Mandat der Sozialen Arbeit" benutzt, dann stellt sich zunächst die Frage auf welchem Fundament dieses Haus aufgebaut werden soll (Hammer 2011). Die befreiende Praxis der Sozialen Arbeit stellt eine Perspektive dar, die bei unterdrückten Potentialen und Kompetenzen der Menschen ansetzt (ebd.), aber mit der Prämisse des Menschenbildes zu argumentieren würde bedeuten, dass in der Sozialen Arbeit nicht ausschließlich von einem einzigen Menschenbild ausgegangen werden kann. Das Endergebnis ist durch den institutionellen Rahmen bedingt, in dem sich Soziale Arbeit konkretisiert. Eine befreiende Praxis zu produzieren bedeutet daher zuerst das eigene Denken von starren und unbrauchbaren Mustern zu befreien, um dem Adressaten authentisch begegnen zu können. Obwohl Verarbeitungs-, Adaption-, und / oder Widerstandsprozesse in den Organisationen aufgrund ihres sozialen bzw. autopoietischen Charakters sich schwierig steuern lassen, muss es nicht an den Umgangsformen mit Menschen, Denken, Ideen, Situationen oder sonstigen Gegebenheiten scheitern. Das Management ist mehr als ein Steuerungsinstrument. Um es anwenden zu können, bedarf es seines Verständnisses. Aus meiner Sicht kommt Wöhrle deshalb zu der Schlussfolgerung, dass es in der Sozialwirtschaft noch kein Managementkonzept gibt, weil das Verständnis der Sozialen Arbeit (Helfen statt Profit machen) einer besonderen Art ist. Die entstandenen Konflikte (oder Widersprüche) würde ich vor dem vereinfacht dargestellten Hintergrund nachstehend beschreiben:

1. Hilfe → Produktentwicklung → Finanzierung (Hilfe bestimmt die Finanzierung)

2. Finanzierung → Produktentwicklung → Hilfe (Finanzierung bestimmt die Hilfe)

In den Aufgaben der Sozialen Arbeit, wie z. B. Probleme zu identifizieren, diese zu bewältigen bzw. ihrer Entstehung vorzubeugen, sprich in der Konkretisierung dieser Aufgaben sollte die Finanzierung eine zweitrangige Rolle spielen. Das, was sich in den 90er Jahren ereignete, drückt sich in der obigen Darstellung aus, nämlich in der allmählichen Dominanz ökonomischer Faktoren (also Punkt 2). Nun macht es keinen Sinn – und das wurde mit der Systemtheorie ersichtlich – das Metasystem Soziale Arbeit mit ihren Subsystemen (die sozialen Organisationen) unabhängig von der weiteren Umwelt zu betrachten. Zum einen kann es Soziale Arbeit ohne Praxis gar nicht geben, denn genauso wie die Praxis einen Rahmen braucht, so hat Soziale Arbeit im Kontext ihrer Verwirklichung die Praxis als Ausgangspunkt. Das Thema Management geht von der Praxis aus, bestimmt mittlerweile das Format der sozialen Organisationen mit und sorgt für intensive Debatten und Diskussionen. Die Annahme, dass Führungskräfte der sozialen Organisationen Orientierung in der Managementproblematik brauchen, wurde als Anlass gesehen, das Konzept Laterales Denken hinsichtlich seines Potentials zu thematisieren. In der theoretischen Auseinandersetzung wurde es deutlich, wie Informationsverarbeitung, Wahrnehmung und Entstehung von Mustern das Denken des Menschen ausmacht. Das Beispiel am Anfang des ersten Kapitels weist daraufhin, wie laterales Denken eine andere Art des Denkens offenbart und sich eigentlich vom gewohnten (linearen, logischen) Denken unterscheidet. Der Einsatz des lateralen Denkens ist mit rätselhaften und komplexen Situationen verbunden. Bei Alltagsroutinen, naturähnlichen Abläufen oder systematischen Analysen kann die laterale Denkweise nur bedingt helfen.

Ausgehend von den empirischen Ergebnissen innerhalb dieser Arbeit möchte ich noch kurz auf die wichtigsten Punkte eingehen.

- LD löste Erkenntnisprozesse aus: durch den Anspruch des LD wird der Unterschied zwischen dem gewohnten und diesem Denken deutlich.
- Aus der Perspektive des LD werden Sachverhalte anders beleuchtet und beurteilt: Ideen und Denkweisen erhalten durch ihre parallele Anordnung gleichberechtigte Stellung.
- Eine Besonderheit des LD besteht darin, dass Lösungswege entweder durch eine neue Aufstellung / Zusammensetzung der Informationen oder durch die bewusste Anwendung von bestimmten Techniken generiert werden.
- Das schöpferische Potential des LD liegt in der Schaffung vieler Ideen und Alternativen, die zur kreativen Lösungen führen.

In den folgenden Ausführungen werde ich auf zwei Ebenen eingehen:

- auf die Orientierungsebene (individuelle Reflexion)
- auf die Umsetzungsebene (systemische Reflexion)

Auf der einen Seite steht die Organisation als ein abstraktes Gebilde, das man sich nur in den Vorstellungen ausmalen kann und auf der anderen Seite steht das Subjekt inmitten dieses Gebildes und muss dieses System verstehen, aufrecht erhalten und ständig auf seine funktionsfähige Position in der Umwelt wachsam achten. Ich gehe in dem momentanen Zustand der sozialen Organisationen von zwei Situationen aus. Eine Führungskraft (1) steht vor der Aufgabe ein geeignetes Management ausfindig zu machen oder (2) wendet bereits Managementinstrumente an und ist in Konflikte geraten. In beiden Fällen braucht sie Orientierung, nur die Ausgangssituationen sind unterschiedlich. Auf der ersten Ebene, die eigentlich der Zweiten vorausgeht, kann und muss reflektiert werden, während auf der Umsetzungsebene reflektiertes Handeln gefragt ist.

Orientierungsebene. Um auf dieser Ebene Effektivität bei der Suche nach geeigneter Orientierung gewährleisten zu können, ist es wichtig über fundiertes Wissen über die Disziplin der Sozialen Arbeit, das Management sowie die (Umwelt)Rahmenbedingungen zu verfügen. Je höher die Wahrnehmung, umso effektiver die Denkleistungen. Folgender Vorschlag wäre eine mögliche Alternative, wie eine Führungskraft der Sozialen Arbeit mit LD umgehen kann. Dafür möchte ich das Beispiel von Punkt 4 aufgreifen. In der folgenden Abbildung steht die Führungskraft vor der Herausforderung, allen Rahmenbedingungen und den sich daraus ergebenden Erwartungen gerecht zu werden. Diese müssen spätestens aus der operationalen Ebene Berücksichtigung gefunden haben. In diesem Prozess spielen weitere bekannte bzw. versteckte Faktoren noch eine Rolle. Unabhängig davon wie eine FK die Prioritäten bewertet, fließen darin jedenfalls Muss-, Soll- und Kann-Komponenten mit ein.

Abbildung 5:   Beispiel zu Orientierungsebene

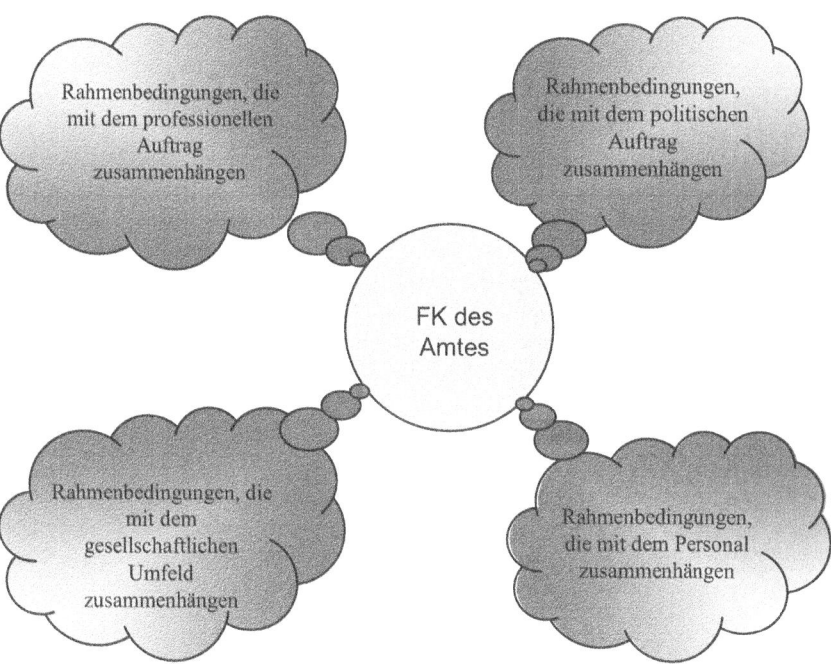

Natürlich ist es nicht einfach, alle Rahmenbedingungen gleichzeitig berücksichtigen zu können, zumal in Entscheidungsprozessen oft nach dem Selektionsprinzip vorgegangen wird. Man sieht also die Notwendigkeit Prioritäten zu setzten., deren Aufstellung beispielsweise wie im nachstehenden Beispiel aussehen kann.

Tabelle 14: Vertikale Prioritätenaufstellung

Priorität Nr. 1	Rahmenbedingungen, die mit dem politischen (gesetzlichen) Auftrag zusammenhängen
Priorität Nr. 2	Rahmenbedingungen, die mit dem professionellen (sozialarbeiterischen) Auftrag zusammenhängen
Priorität Nr. 3	Rahmenbedingungen, die mit dem Personal zusammenhängen
Priorität Nr. 4	Rahmenbedingungen, die mit der gesellschaftlichen Umwelt zusammenhängen

Im Unterschied zu den freien Trägern haben sich Mitarbeiter von öffentlichen Institutionen der Sozialen Arbeit im Rahmen der gesetzlichen Bestimmungen zu bewegen. Somit hängt Hilfe von der im SGB definierten Aufgabenstellung ab. Innerhalb dieses Rahmens kann die Hilfeleistung professionell gestaltet werden. Wenn Fachkräfte rekrutiert werden sollen, wird die zu besetzende Stelle aufgabengemäß beschrieben. Vom potentiellen Kandidaten wird erwartet, die entsprechenden Anforderungen zu erfüllen. Verhandlungsspielräume sind im öffentlichen Dienst in der Regel ausgeschlossen. An letzter Stelle kommen die gesellschaftlichen Erwartungen, welche aber eine untergeordnete Rolle spielen. Wenn durch diese Denkweise der eigentliche Auftrag erfüllt wird, muss die Richtigkeit dieser Prioritätenaufstellung nicht hinterfragt werden. Nun stellen wir uns vor, das Amt für Jugend und Familie kann ihre vorgesehenen Stellen nicht besetzen. Sowohl der politische als auch der professionelle Auftrag verlieren an Priorität, denn die Arbeit kann nicht getan werden. Aufgrund von einer möglichen Prioritätenverschiebung, kann die Institution in Konflikte geraten. Was würde aber passieren, wenn eine Führungskraft sich des LD bedienen würde? Mit Hilfe des LD erhalten alle Rahmenbedingungen eine horizontale Anordnung und werden parallel zu einander gestellt.

Tabelle 15: Horizontale Prioritätenaufstellung

Priorität Nr. 1	Priorität Nr. 2	Priorität Nr. 3	Priorität Nr. 4
Rahmenbedingungen, die mit dem politischen Auftrag zusammenhängen	Rahmenbedingungen, die mit dem professionellen Auftrag zusammenhängen	Rahmenbedingungen, die mit dem Personal zusammenhängen	Rahmenbedingungen, die mit der gesellschaftlichen Umwelt zusammenhängen

In der lateralen Denkweise versucht man sich zunächst von Hierarchien und alten Gewohnheiten zu lösen. Der Fokus setzt sich auf die Problemlösung. Das bedeutet, dass alle Rahmenbedingungen gleich gewichtet werden sollen, um die

Balance gewährleisten zu können. In einer sich wandelnden Gesellschaft kann die fortlaufende Entwicklung zu gravierenden Überraschungen führen. Im erwähnten Beispiel steht das Amt vor der Situation für das Finanzierungsproblem entsprechende Lösungen zu suchen und zu entwerfen. Da das Projekt sich in der Entstehungsphase befindet, reichen die bisherigen Informationen nicht aus, um Ideen diskutieren zu können. Das betroffene Personal scheint mit Aufwand und Komplexität unzufrieden zu sein. Deshalb ist die Betonung der einen oder anderen Priorität unter solchen Umständen nicht sinnvoll. Die waagrechte Positionierung der Rahmenbedingungen bietet in Konstellationen dieser Art eine bessere Orientierung, da jede Kategorie zu jeder Zeit primäre Bedeutung erhalten kann.

Soziale Organisationen orientieren sich immer mehr an dem sozialen Raum, wo sie agieren, um einen besseren Zugang für die Adressaten zu schaffen. Die Entstehung von Familienzentren und Mehrgenerationenhäusern zielte genau auf diesen vernachlässigten Punkt ab, um auch die Erreichbarkeit der Hilfe niederschwellig zu ermöglichen. Das Schaubild ist natürlich nur exemplarisch zu verstehen. Die Rahmenbedingungen, die mit der Umwelt zusammenhängen, kann man in weitere Aspekten unterteilen, um z. B. ein Bild von den sozialräumlichen oder kulturellen Rahmenbedingungen zu gewinnen.

Eine weitere Perspektive des LD, die vielleicht noch Aufmerksamkeit verdienen sollte, bezieht sich auf die Bedeutung der 6-Denkhüte in der persönlichen Anwendung. Die Führungskraft des Amtes für Jugend und Familie nimmt während der Sitzung wahr, wie komplex der Sachverhalt wird. Es sind so viele neue Informationen entstanden, die berücksichtigt werden müssen. Mit Hilfe der Denkhüte besteht die Möglichkeit die Informationen nicht zwingend selektiv zu behandeln, sondern je nach ihrem Gehalt so zu strukturieren, dass am Ende eine adäquate Entscheidung getroffen werden kann. Der Reflexionsprozess lässt sich somit zusammen mit dem Verarbeitungsprozess der Informationen ermöglichen und bedient sich einer konkreten Methode. Was am Ende dieses Reflektionsprozesses als Ergebnis steht, kann z. B. durch folgende Fragen erfasst werden:

- Je mehr Informationen vorhanden sind, umso komplexer wird das Projekt, aber umso klarer der Entscheidungsweg. Welche Informationen brauchen wir noch?
- Welche neuen Alternativen sind aufgrund der neuen Informationen denkbar?
- Womit hängen die positiven und negativen Aspekte zusammen?
- Soll das Projekt eventuell an einem anderen Punkt ansetzen?
- Der Widerstand der Betroffenen ist scheinbar mit der Umsetzbarkeit zu erklären, was aber nicht zum Scheitern des Projektes führen soll. Eine

weitere Sitzung, in der unbedingt der Umsetzbarkeitsaspekt thematisiert werden soll, ist als notwendig zu erachten.

Allein *Pros und Kontras* zu erarbeiten reicht nicht aus, wenn weitere wichtige Informationen fehlen. Nach diesem Schema fällt es einer Führungskraft sicherlich leichter eine Entscheidung zu treffen, besonders wenn eine Seite der Waage deutlich schwerer wird.

Wir nehmen an, das Projekt würde aufgrund der unzumutbaren Umsetzung scheitern, da die Anforderungen für die Auswahl von Ehrenamtlichen zu hoch sind. Wenn man aber in der Alternativensuche sich fragen würde, ob es eine Zielgruppe gibt, die diese Anforderungen ohne großen Vorbereitungsaufwand erfüllt, könnten Studenten der Sozialen Arbeit ein wichtiger Ausgangspunkt für neue Umsetzungsalternativen werden. Insoweit ist das Produkt jedes Projektes ein Zusammenspiel von Informationen, Ressourcen und Alternativen. Ob man im Endeffekt das Personal-, Projekt-, Krisenmanagement oder sonstige Managementinstrumente braucht, das ergibt sich aus dem, was in dieser ersten wichtigen Phase geleistet wird. Auch in diesem Fall gilt das gleiche Vorgehen, nämlich: die parallele Aufstellung aller bekannten Managementinstrumente mit der Option auch neuen Ideen Raum zu geben. Das Tetralemma wäre unter Umständen eine anschlussreiche Möglichkeit, sich auf die dort genannten Stufen zu beziehen und diese bei entsprechendem Bedarf zu bedienen. Das muss die Führungskraft nicht immer alleine leisten, aber als Orientierung bietet es ein Spektrum an wechselnden Perspektiven, wobei man sich in der dritten bis fünften Position hinter den Horizont des Neuen und Unbekannten begibt und mit der lateralen Denkweise konfrontiert wird.

Die oben genannten Impulse sollen einer Führungskraft Denkanstöße im Umgang mit komplexen Situationen geben. Der laterale Zugang auf dieser Orientierungsebene ermöglicht der Führungskraft das Erbringen individueller Reflexionsleistungen. Wenn sie die Dominanz einer Idee oder Denkweise mit ihren Grenzen erkannt hat, die Betrachtung des gleichen Sachverhalts aus einer anderen ungewöhnlichen Perspektive als bereichernd feststellt, dann hat sie bereits den Boden des lateralen Denkens betreten.

Umsetzungsebene. Im Vergleich zur Orientierungsebene, auf der eine Führungskraft sich mit den Informationen individuell auseinandersetzt und im Prinzip nur an seinem Denken arbeitet, ist auf der Umsetzungsebene innerhalb der Organisation eine Situation gegeben, bei der individuelle Wahrnehmungen in ihrer Gesamtheit eine Rolle spielen. Für die Führungskraft sind sie Bezugssysteme. Der Schwierigkeitsgrad der Beziehung (Kommunikations- und Verstehungsprozesse) erhöht sich dadurch, jedoch die Produktivität unter bestimmten Bedingungen auch.

Stellt man sich eine Besprechung, eine Sitzung oder Diskussion als Setting vor, so kann das Geben und Empfangen von Informationen für ungewollte Missverständnisse sorgen, wenn die Intentionen nicht bekannt sind. Es besteht somit auch Gefahr für Verletzungen und Anfeindungen untereinander, wenn beispielsweise Aussagen und Beiträge nicht als neutrale Informationen, sondern als Einwände verstanden werden. Es können unvorhersehbare Situationen auftreten, die gemanagt werden müssen, aber vielmehr soll man sich der damit verbundenen Konsequenzen bewusst sein.

Der Idealzustand für eine Diskussion wäre natürlich erreicht, wenn alle Beteiligten ein gewisses Know-how von lateralem Denken und seinen Methoden mitbringen würden. Eine Führungskraft kann allerdings unauffällig die Beteiligten auffordern die Besprechung anhand von vorgegebenen Punkten zu gestalten. Die Anwendung der *6-Denkhüte* würde der Diskussion einen anderen Rahmen geben. Wenn man die einzelnen Kategorien (Hüte) getrennt behandeln möchte, dann sollten alle Teilnehmenden diszipliniert dabei bleiben. Somit weiß jeder, dass Aussagen sich auf die jeweilige Kategorie beziehen und diese nicht missverstanden werden brauchen. Die Besprechung oder Diskussion erhält alle potentiellen Blickwinkel und bleibt von der Einseitigkeit verschont. Den Diskussionsprozess kann man sich wie in der nachstehenden Abbildung vorstellen.

Abbildung 6:   *Der Diskussionsprozess mit der „6-Denkhüte"*

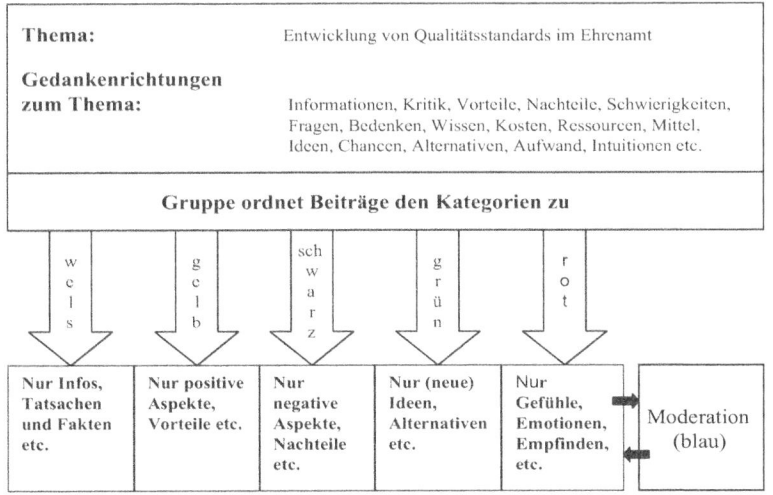

Der zu diskutierende Gegenstand löst in den Gedanken der Anwesenden unterschiedliche Effekte aus. Die einen brauchen Informationen, anderen fallen sofort Probleme und Schwierigkeiten auf, und wenn alle laut denken würden, so entstünde eine Diskussion, die viel Zeit in Anspruch nimmt und unproduktiv enden kann. Wenn aber alle Anwesenden aufgefordert werden, ihre Gedanken anhand der Kategorien zu ordnen und sich nur auf das zu beziehen, was dran ist, dann entsteht am Ende ein überschaubares Bild vom Thema. Um es wieder an dem Beispiel zu konkretisieren, kann die Diskussion ungefähr so verlaufen:

Tabelle 16: Beispiel einer Diskussion nach der 6-Denkhüte

Kategorien	Beiträge der Anwesenden
Welche *Informationen* haben wir? (weiß)	- Es besteht Bedarf an Ehrenamt - Der Hilfebedarf steigt - Leistungserbringer müssen oft in Alltagsaufgaben helfen - Ehrenamtliche Kräfte müssen ausgebildet werden - Ehrenamtliche Kräfte müssen geeignet sein - Wie werden diese rekrutiert?
Was sind die *positiven Aspekte* des Ehrenamts? (gelb)	- Ehrenamt entlastet Leistungserbringer - Hilfe kann weiterhin geleistet werden - Bürgerliches Engagement kann gefördert werden - Fachkräfte konzentrieren sich auf ihren Auftrag
Was sind die *negativen Aspekte* des Ehrenamts? (schwarz)	- Es muss koordiniert werden – sehr aufwendig - Zu hohe Anforderungen – Niederschwelligkeit kann nicht gewährleistet werden - Hauptamtliche müssen noch mehr leisten - Zu viele formale Bedingungen (Versicherung, Führungszeugnis, Mobilität etc.)
Gibt es *neue Ideen, Alternativen*? (grün)	- Es sind weitere Informationen notwendig - Expertenrat ist zu holen - Die Arbeitsgruppe soll erweitert werden - Verwandtschaft der Betroffenen als Zielgruppe - Studenten der Sozialen Arbeit o. Ä.
Welche *Gefühle* werden erzeugt? (rot)	- Manche Betreffende sind unzufrieden - Es lohnt sich nicht weiter zu diskutieren

Mit dieser Übersicht hat jeder die Chance auf alle Aspekte zurückzugreifen und über den gleichen Wissensstand zu verfügen. Einige negative Aspekte können überwunden werden, wenn neue Informationen hinzukommen. Vielleicht gibt es schon neue gesetzliche Regelungen, die man noch nicht erfahren hat, welche aber für die formalen Bedingungen von Bedeutung sind. Oder vielleicht spielen die formalen Bedingungen keine große Rolle mehr, wenn Studenten der Sozialen Arbeit erreicht werden können. Eine zufriedenstellende Entscheidung kann am besten erreicht werden, wenn alle das Gefühl haben, unter den gegebenen Umständen konnten alle Aspekte ausreichend berücksichtigt werden.

LD erfüllt ihre Funktion, wenn neue Ideen, Gedanken und Sichtweisen generiert wurden und für die lineare Analyse und weitere Entwicklung zur Verfügung stehen. Während des Seminars bestand die Gelegenheit an einem konkreten Beispiel eine Technik auszuprobieren. Die durch die Anwendung der Umkehrungstechnik entstandenen Ideen waren nochmals wie folgt:

- Assessment – Center am Ende des Masterstudiums (Führungskräfte aus der Praxis werden hierzu eingeladen)
- Facebook für Arbeitssuchende
- Hochschule bietet Kontakt-Plattform für Führungskräfte der Praxis
- Mentoring: Herstellung der Beziehung zwischen Masterabsolventen und Führungskräften der Praxis (z. B. durch Praktika, Projekte etc.)

Die Entwicklung einer Idee zu einem konkreten Projekt ist sozusagen eine Aufgabe des logischen Denkens. An dieser Stelle kann auch die Hüte-Methode Hilfestellung geben, um die Analyse beispielsweise unter Vor- und Nachteilen durchzuführen. Man konzentriert sich in diesem Fall auf die Umsetzbarkeit der Idee. Lässt sie sich aufgrund fehlender Finanzen nicht konkretisieren, dann kann man sich mit einer anderen Idee auseinandersetzten. Die Idee *Führungskräfte mit Masterstudierenden zusammenzubringen* kann z. B. mit einer Veranstaltung konkretisiert werden, um die Umsetzbarkeit der Idee einer gemeinsamen Einschätzung zu unterwerfen. Führungskräfte der Praxis erhalten die Gelegenheit Potentiale zu entdecken, deren Nutzen man dann im Rahmen von Praktika näher beurteilen kann.

Wie bereits an anderer Stelle erwähnt, ist die Anwendung des LD dort sinnvoll, wo Traditionen, Gewohnheiten und alte Denkmuster nicht weiterhelfen. Wenn innovative Ideen gesucht werden, dann ist das schöpferische Potential des Konzeptes mit seinen vielen Techniken gefragt. Dies kann die Umstrukturierung der Organisation oder den Ausbau einer Dienstleitung als Gegenstand haben. Von einer Führungskraft ist hier besonders eine laterale Haltung zu erwarten, die nicht nur auf die eigenen Ideen, sondern auch auf die Meinung anderer Menschen gerichtet ist. Sieht man sich als Chef und wird man als solcher wahrgenommen, sind logischerweise Umgangsmuster zu erwarten, die vertikale Beziehungsrichtung aufweisen. Sieht man sich jedoch als Anleiter anderer Organisati-

onsmitglieder, der auf Augenhöhe kommuniziert, und wird man als solcher
wahrgenommen, dann ist das eine gute Voraussetzung, weitere Ressourcen der
Organisation niederschwellig in Erfahrung zu bringen. Wenn Ideen und Meinungen geäußert werden dürfen, kann aus ihnen etwas entstehen. Die Technik der
Umdrehung im weiteren Sinne kann besonders hilfreich sein, wenn man bottom-
up steuern möchte.

Vor kurzem stand das Schulreferat einer bestimmten Stadtverwaltung vor
der Tatsache, dass die von ihnen geförderten Ganztagesklassen der Grundschulen
im neuen Schuljahr überraschenderweise nicht mehr zur Stande kommen, obwohl die bisherige Wahrnehmung das Gegenteil ergeben hatte. Aufgrund dieser
Situation wollten sie von den potentiell Betroffenen im Rahmen einer gemeinsamen Diskussion die Hintergründe erfahren. Im LD sorgt der Perspektivenwechsel nicht nur für die Generierung von neuen Ideen, sondern auch für die
Schärfung und Erweiterung der eigenen Wahrnehmung. Mit der Frage an Mitarbeiter „was sie ändern würden, wenn sie die Führung der Organisation übernehmen würden" besteht die Gelegenheit für Mitarbeiter sich in die Rolle der Führung zu versetzen, aber auch für die Führung die Chance, sich der Wahrnehmung
der Organisationsmitglieder annähern zu können.

Die Kontexte auf dieser Ebene können sehr viel und unterschiedlich sein.
Allein im Personalmanagementbereich, wo das Verhalten einer Führungskraft
abhängig von ihrer Wahrnehmung und Beurteilung ist, gibt es eine Vielzahl an
Situationen, in denen LD fruchtbar werden kann. Unter dem Aspekt der Organisationskultur entscheidet eine gute Kultur, wie mit folgenden Ambivalenzen umgegangen wird:

- gut oder schlecht
- richtig oder falsch
- effektiv oder ineffektiv
- kreativ oder einfallslos
- produktiv oder unproduktiv

Nicht nur Führungskräfte, aber besonders diese müssen Leistungen und Menschen in irgendeiner Art und Weise bewerten und beurteilen. Die Basis des vertikalen Denkens ist die Ablehnungsfunktion (de Bono 1986, S. 80). Man versucht sozusagen in jedem Beurteilungsschritt das auszuschließen, was nicht passt
(oder nicht richtig ist). Aus der Erkenntnis der Gleichbehandlung und -berech-
tigung im LD ist es notwendig eine Denkweise zu pflegen, die einem den Umgang mit dem Andersartigen und Ungewohnten erleichtert. Einige Gründe, warum LD die Ablehnungsfunktion in vielen Situationen als ungeeignet findet, basieren auf der Vermutung, dass dadurch Potentiale ausgeblendet und ausge-

schlossen werden. Viele Einrichtungen der öffentlichen und freien Wohlfahrtspflege (z. B. Familienzentren bzw. Mehrgenerationenhäusern) haben aus meiner Sicht erkannt, dass es in der Arbeit mit Migrantengruppen Sinn macht, Mitarbeiter einzusetzen, die einen solchen oder ähnlichen ethnischen Hintergrund haben. In einigen Fällen (das wäre eher für kirchliche Träger von Bedeutung) wird sogar die persönliche Weltanschauung nicht beachtet.

Ein Zitat von Herbert Georg Wells (1866 – 1946) lautet: „Den Fortschritt verdanken wir den Nörglern. Zufriedene Menschen wünschen keine Veränderung" (Sozialwirtschaft 2012, S. 42). Fehler und Unzufriedenheit können gute Katalysatoren für Innovation und Veränderung sein, wenn man ihnen zunächst wertfrei begegnet. Die Konsequenz wäre in diesem Fall mit Bewertung vorsichtig zu sein und sie in einem späteren Schritt einzusetzen. LD ist daran interessiert, dass etwas geschieht, egal ob der Weg *richtig* ist.

Abschließend möchte ich in Zusammenhang mit der Beurteilung noch ein Beispiel aus der Personalauswahl und -einstellung anführen. In der Regel haben Personaler größerer Organisationen knappe Zeit Bewerbungen zu sichten. Üblicherweise gehen sie vor dem zeitlichen Hintergrund nach dem Ausschlussprinzip vor, dass ungefähr wie folgt umgesetzt wird:

- Ist die Bewerbungsmappe optisch gut?
- Gibt es Rechtschreibfehler?
- Spricht mich das Anschreiben an?
- Wie gibt der Bewerber seine Stärken preis?
- Gibt es Lücken im Lebenslauf?
- Welcher Bewerber argumentiert überzeugend?
- etc. (siehe z. B. Eschmann 2009)

All diese Ausschlusskriterien haben ihre Berechtigung, was aber oft (un)bewusst beurteilt wird, sind Aspekte, die in vielen Fällen keine entscheidende Relevanz haben, denn:

- viele Bewerbungen sind bereits von dritten optimiert.
- Argumentationsfähigkeiten sagen nicht viel über weitere Kompetenzen und Eigenschaften aus (z. B. ist der Bewerber teamfähig?).
- möglicherweise hat der Bewerber nicht alle Stationen in seinem Leben aufgeführt, die noch von Bedeutung wären.
- Referenzen, die in der Regel ganz hinten stehen, können Aufschluss über soziale Kompetenzen geben.
- eine Bewerbung entspricht nicht immer der Wirklichkeit.

▪ hinter einer schlechten Bewerbung versteckt sich möglicherweise ein
Potential, das tatsächlich gesucht wird.

Schlussfolgerung. Der Weg, welchen Personaler wählen Bewerbungen zu beurteilen, entscheidet, ob potentielle Bewerber von vorneherein ausgeschlossen
werden.

Diese Situation hat sich meiner Wahrnehmung nach in letzter Zeit aufgrund
des Fachkräftemangels und der Diskrepanz zwischen Bewerbung und Wirklichkeit sehr geändert. Assessment-Center scheinen immer mehr an Bedeutung zu
gewinnen und werden an den Hochschulen parallel zu den klassischen Bewer-
bungsseminaren für Absolventen gesondert angeboten.

Betrachtet man Bewerbungen als selbstreferentielle Konstruktionen, dann
ist es unvermeidlich, dass ein Personaler über den Bewerber nur das erfährt, was
in den Bewerbungszeilen enthalten ist. Nun stellt sich die Frage, welchen Einfluss weitere Informationen zu einer *schlechten* Bewerbung auf die weitere Entscheidung haben würden. Mit der vertikalen Denkweise haben solche Bewerbungen keine Chance, dies je in Erfahrung zu bringen, denn den genannten Ausschlusskriterien liegt die Zeitprämisse zugrunde, womit letzten Endes Entscheidungen zusammenhängen.

Im lateralen Denken erhält eine Idee, ein Gedanke oder eine Bewerbung eine zweite, dritte oder vierte Chance. Sie können auf die Seite gelegt, sollen aber
nicht aufgrund eines ersten Eindruckes ignoriert werden, denn das, was unter aktuellen Gegebenheiten als uninteressant erscheint, kann zu einem späteren Zeit-
punkt sehr wichtig werden. Das lebensweltorientierte Konzept von Hans
Thiersch, das in den siebziger Jahren entwickelt wurde, aber erst viel später
Aufmerksamkeit von der Politik bekam, ist unter anderen ein gutes Beispiel dafür.

4.2.2 Handlungsempfehlungen

Was im letzten Punkt geschildert wurde, bezieht sich auf den Umgang mit den
gewonnenen Erkenntnissen im Verwertungszusammenhang. Die Unterteilung in
Ebenen stellt nur eine mögliche Herangehensweise dar. Obwohl potentielle Ein-
satzmöglichkeiten des LD indirekt angesprochen wurden, wird in diesem Punkt
eher auf einige Empfehlungen eingegangen, die in der einen oder anderen Form
umgesetzt oder entwickelt werden können.

Handlungsempfehlungen bezogen auf die Führungskraft:

- Sie kann sich durch den Besuch entsprechender Seminare oder über entsprechende Medien wie Internet, Literatur, Foren etc. mit LD vertraut machen bzw. Wissen und Erfahrung vertiefen.

- Die *6-Denkhüte* kann individuell eingeübt werden, indem man auf einem DIN A4 Blatt eine Kurzversion anfertigt und es an einer sichtbaren und leicht zugänglichen Stelle (z. B. im Büro) anbringt.

- Besonders für das Informationsmanagement gibt es bereits kostenlose Computerprogramme (wie Mindmapping), mit deren Hilfe Informationen strukturiert werden können. Die *6-Denkhüte* kann als Werkzeug eingesetzt werden, um Informationen nach ihrem Gehalt zu ordnen.

- Bei der Suche nach neuen Ideen oder Lösungen bietet LD unterschiedliche Techniken, die aber eine gewisse Disziplin erfordern. Eine Führungskraft sollte eine hierfür reservierte Zeit nicht unterschätzen, weshalb sie sich einmal in der Woche oder bei Bedarf 1 Stunde zum Reflektieren nehmen kann. In dieser Zeit können Bestandteile des LD auch fiktiv erprobt werden.

- Normen, Richtlinien, Organisationsziele, Aufgaben etc. können unter Berücksichtigung disziplinbezogener Anforderungen aufgestellt und visualisiert an einem bestimmten Platz angebracht werden.

- Besonders externe Informationen können maßgebend für Entscheidungen sein, die die Organisation (un)mittelbar betreffen. Um ihre negative Dominanz zu vermeiden, kann ihre Bedeutung an allen Organisationsebenen geprüft werden. Beispielsweise können Konsequenzen durch die Kürzung des Etats sowohl auf materielle, als auch auf strukturelle und personelle Ressourcen bezogen werden.

- Wenn eine Organisation innovativ ausgerichtet ist, kann eine Führungskraft Raum für die Förderung des lateralen Denkens schaffen, z. B. Brainstorming über Intranetplattform, Schwarzes Brett etc. Die Beschäftigung mit Rätseln und ähnlichen Übungen (z. B. Sudoku) kann eine effektive Möglichkeit sein.

Handlungsempfehlungen in Zusammenhang mit der Organisation:

- Sind bestimmte Managementinstrumente in der Organisation nicht bewusst eingeführt, kann versucht werden diese (evtl. nur Ansatzweise) zu identifizieren, indem eine geeignete Infrastruktur zur Informationsbeschaffung bereitgestellt wird. Die Führungskraft kann z. B. von den Mitarbeitern die Tätigkeit oder Prozesse aus ihrer Sicht ausführlich beschreiben lassen, um Ausgeblendetes und Dominierendes zu erkennen.

- Arbeitet eine Organisation mit Managementinstrumenten (z. B. BSC) und wird dadurch dem sozialarbeiterischen Auftrag nicht oder teilweise gerecht, dann sollten Leitungskräfte das Management als Solches reflektieren. Controlling und formale Qualität (in der Pflege) um jeden Preis kann sogar schädlich werden.

- Stellt eine Organisation fest, dass Dienstleistungen von der Finanzierung bestimmt werden, kann mit Hilfe der Umkehrungstechnik (Hilfe- Dienst-leistungsentwicklung- Finanzierung) versucht werden, neue Ideen und Alternativen entstehen zu lassen.

- Gibt es eine klare Organisationskultur in der Organisation, die von Mitgliedern bewusst ausgelebt wird? Wenn nicht, wie würden die Mitarbeiter und Außenstehende diese bezeichnen? An dieser Stelle kann LD helfen zu überprüfen, ob eine Fehlerkultur, eine offene Kommunikationskultur, eine integrierende Umgangskultur usw. vorhanden ist.

- Wenn die Organisation als Unternehmen wahrgenommen wird und dadurch ein schlechtes Image entsteht, kann das Verhältnis von Mission, Auftrag und Ziel auf ihre Kongruenz überprüft werden. Wenn aufgrund von Diskrepanzen dominierende Faktoren festgestellt werden, kann eine Führungskraft den Einsatz des LD in Anspruch nehmen.

Handlungsempfehlungen in Zusammenhang mit dem Personal:

- Eine Sitzung, Besprechung o. Ä. kann nach der *6-Denkhüte* organisiert und durchgeführt werden. Die Mitarbeiter müssen sich nicht zwingend mit der Methode auseinandersetzten, es sei denn, die Führungskraft erachtet es für sehr wichtig, die Mitarbeiter den Hintergrund erfahren zu lassen. Einen formalen Rahmen bietet das Seminar.

- In der Bewertung oder Beurteilung von Ideen sollten die dahinterstehenden Menschen nicht mit Hüten oder Kategorien gleichgesetzt werden. Eine Kultur der Gleichberechtigung und Teilhabe würdigt jede Idee oder Meinung.

- Bei der Suche nach kreativen Ideen und Lösungen können im Rahmen eines Inhouse-Workshops Techniken des LD (mit Hilfe eines Moderators) ausprobiert werden, um konkrete Ideen entwickeln zu können (alle Ideen dürfen geäußert werden).

- Job-Rotation (nach dem Verständnis des LD) ist auch eine Möglichkeit, Leistungen besser beurteilen und den Perspektivenwechsel unter den Mitarbeitern ermöglichen zu können.

• Die Führungskraft kann versuchen Bewerbungen nicht nach den üblichen Kriterien zu beurteilen, sondern mit der Sichtung der Unterlagen ganz von hinten anzufangen

5 Resümee und Ausblick

5.1 Laterales Denken für Führungskräfte

5.1.1 Statt einer Zusammenfassung

In dieser Arbeit wurde versucht, Management im Kontext der Sozialen Arbeit zu thematisieren und für die Führungskraft im Umgang mit der Managementkomplexität einen Weg aufzuzeigen, der eine theoretische und praktische Orientierung enthält. Basierend auf der Forschungsfrage, fragte ich mich in diesem Prozess, ob sich Aussagen in Form einer These formulieren und einpacken lassen. Das werde ich anschließend versuchen.

In den theoretischen Ausführungen nahm ich Bezug auf den Vorschlag von Kleve für die Dilemmas und Praxisvielfalt der Sozialen Arbeit die konstruktivistische Sichtweise heranzuziehen. Diese Art des Denkens befreit den Diskurs von dem Versuch, der sozialarbeiterischen Disziplin eine (naturwissenschaftliche) Identität um jeden Preis zu erarbeiten und zuzuschreiben. Praktisch gesehen wird ohne die konstruktivistische Perspektive dieser Versuch unmöglich sein, zumal die Komplexität, in der Soziale Arbeit eingebettet ist, eher zunimmt, so dass sich die Gegenstandsfrage nur theoretisch erklären aber nicht bestimmend beantworten lässt.

Soziale Probleme nehmen mit dem Wandel andere Formen an. Manche verschwinden sogar, aber neue, komplexere entstehen. Im Unterschied zur dilettantischen Hilfe ist Soziale Arbeit darauf bedacht, professionelle und nachhaltige Hilfe zu gewährleisten, die nicht der Spontaneität überlassen wird. Darin sehe ich auch den Rahmen für die konstruktivistische Sichtweise, um die Gefahr des „anything goes" (was Selbstauflösung der SAW bedeuten würde) zu relativieren (vgl. Göppner 2009, S. 248f). Deshalb unternehme ich nicht den Versuch, die theoretischen Standpunkte zu problematisieren oder für einen Standpunkt zu plädieren, sondern die Aspekte herauszustellen, die die sozialarbeiterische Besonderheit am ehesten erläutern.

Die zwingende Notwendigkeit von Managements und die Übernahme von vielen Managementinstrumenten bei den sozialen Organisationen der Sozialen Arbeit haben sicherlich einen pragmatischen Hintergrund, deren Berechtigung mit Konstruktivismus erklärt werden kann. Aber die Suche nach einem geeigneten Management und vor allem seine Reflexion oder sogar sein Hinterfragen verlangt eine laterale Denkweise. Sieht man Wandel und Komplexität als bestimmende Faktoren in der fortwährenden Ausrichtung der Sozialen Arbeit, kann die lineare Sichtweise auch im Management nur partiell helfen. Laterales Denken (nicht als Konzept) findet tagtäglich statt, da dieses Teil unseres Denkens ist. Die dominierende Gegebenheit der linearen Denkweise, die sich auch im Rahmen des empirischen Forschungsteils feststellen ließ, hebt umso mehr die Notwendigkeit hervor, dem lateralen Denken bewusst Raum zu schaffen. Die Geschichte mit dem Stein am Anfang des einführenden Kapitels zeigte deutlich, wie behauptetes „Unmöglich" sich in ein optimales Lösungsergebnis verwandelt werden kann, wenn man lateral denkt.

Laterales Denken wurde deshalb als Konzept thematisiert, weil es Konzentration, Unterscheidungsfähigkeit und Disziplin erfordert. Vor dem Hintergrund der neuen Rahmenbedingungen entstehen für Führungskräfte der Sozialen Arbeit neue Kompetenzanforderungen, die nun mit dem Leiten der sozialen Organisation direkt zusammenhängen. Diese Arbeit mit ihren Ergebnissen erhebt weder den Anspruch, *die* richtige Antwort in der Orientierungsfrage gegeben zu haben, noch liefert sie ein Managementkonzept. Ich behaupte jedoch stark, dass (so wie laterales Denken hier definiert und verstanden wird) besonders in der Sozialen Arbeit LD der Natur dieser Rahmenbedingungen am ehesten entspricht und somit der sozialarbeiterischen Position gerecht wird. Deshalb meine Thesen:

These 1.: Soziale Arbeit bzw. ihre Akteure bedürfen unter sich stetig verändernden, komplexen Rahmenbedingungen der lateralen Denkweise, um die disziplin- und professionsbezogene Balance zu finden und aufrechtzuerhalten.

These 2.: Das Konzept Laterales Denken in seinem umfassenden Reflexionsgehalt und schöpferischen Potential ist in sozialen Managementfragen eine nützliche Alternative, wodurch komplexe Gegebenheiten strukturiert und das Generieren von Ideen ermöglicht wird.

5.1.2 Chancen und Grenzen in der Sozialen Arbeit

Komplexität fordert dazu heraus, in Zusammenhängen zu denken. Wenn man sich fragt, nach welcher Logik in der Sozialen Arbeit in Fragen der Identität und Gegenstandsbestimmung diskutiert und argumentiert wird, fällt auf, wie Diskussionen und Debatten eher durch Außenorientierung bestimmt sind. Treptow begründete das mit dem Legitimationsdruck. Somit wird deutlich, dass Soziale Arbeit beispielsweise in Deutschland sehr stark von anderen Bezugssystemen (Politik, Medizin, Psychologie, Pädagogik etc.) beeinflusst wird. Daher ist es folgerichtig, in diesen Zusammenhängen denken zu müssen. Wie in dieser Arbeit aufgezeigt wurde, gibt es auf der anderen Seite in der Binnenperspektive der Sozialen Arbeit unterschiedliche Positionen hinsichtlich des sozialarbeiterischen (Vor-)Verständnisses, wonach sich Soziale Arbeit eigentlich richten sollte (einen ausführlichen Diskurs findet man in Birgmeier / Mührel 2009). Dafür gibt es keine einheitliche Meinung, da Soziale Arbeit bedingt durch ihr institutionelles Organisieren und Handeln eine zum Teil widersprüchliche Vielfalt aufweist. Insofern ist die komplexe Praxis ausschlaggebend in der Gestaltung des Diskurses.

Im Managementkontext liegt die Schwierigkeit darin, dass weiche Faktoren gegenüber harten Daten zu anderen Erkenntnissen führen, wodurch die Ursache-Wirkung Sichtweise wenig hilfreich ist. Einer sozialen Organisation ist nicht geholfen, wenn in der Finanzierungsproblematik Managements aus der BWL aufgenötigt werden und damit die Probleme als gelöst sehen. Controlling ist ein gutes Managementinstrument, aber dadurch erkennen soziale Organisationen, wie schwierig es ist, im sozialen Kontext harte und weiche Indikatoren zu definieren und zu messen. Der aktuelle Trend der Familienfreundlichkeit in Kommunen und Unternehmen hat aus meiner Sicht zunehmend auch mit dem qualitativen Angebotsbedarf im Betreuungs- und Freizeitbereich für Familien zu tun. Allein mit dem guten Wirtschaftsstandort zu werben, ist anscheinend keine sinnvolle Strategie mehr, da Anreize des tayloristischen Denkens für Familien zum Teil nur bedingt anziehend sind. Die Lebensqualität hängt somit von mehrdimensionalen und eher subjektiven Faktoren ab.

In dieser Arbeit konnte dem Konzept LD im sozialen und Managementkontext in seinem Potential nachgespürt werden. Die Entdeckung der lateralen Denkweise ist nichts anders als die Ermöglichung eines Zuganges zu einer neuen Dimension des Denkens. Durch die horizontale Ausrichtung dieser Denkweise eröffnen sich neue Blickwinkeln, wodurch wiederum Lösungsmöglichkeiten entstehen. Dass Reflexion besonders in unserem Zeitalter unabdingbar geworden ist, hängt meines Erachtens mit der menschlichen Tendenz zusammen, das Denken überwiegend in logischen Zusammenhängen einprägen zu wollen. Das ist wichtig, ja sogar lebensnotwendig in der Bewältigung der Routinen, aber nicht bei komplexen Zusammenhängen. Nicht berücksichtigte Komplexität kann oft zu unerwünschten Nebenwirkungen führen (vgl. Vester 1999, S. 37). Soziale Arbeit als Handlungswissenschaft (Staub-Bernasconi 2009) hat in irgendeiner Form eine Eingriffsfunktion. Der Eingriff in die Komplexität mit der linearen Sichtweise führt zur Konsequenz, weitere Zusammenhänge bewusst oder unbewusst auszuschließen. Die Hauptintention des lateralen Denkens ist darin zu sehen, genau diese ausgeblendeten Zusammenhängen in Erfahrung bringen zu wollen. Der

Zugang zu neuen Lösungsmöglichkeiten liegt im LD oft nur einen Gedanken-
sprung entfernt, wenn man sich auf diesen Sprung einlässt.
Wenn die Komplexität im Sozialmanagement in der Schwierigkeit liegt,

- das Ökonomische mit dem Sozialen unter einen Hut zu bringen (von der
  Dominanz ökonomischer und ökologischer Faktoren ganz zu schweigen),
- den Kennzahlen und Indikatoren gerecht zu werden,
- mit Wandel angemessen umzugehen,
- ein geeignetes Management für die soziale Organisation ausfindig zu
  machen,
- Informationen so gut wie möglich verarbeiten und verwerten zu können,
- die Organisation auf der zwischenmenschlichen Ebene effektiv zu steuern,
- schnelle und passende Lösungen zu finden,
- neue Ideen generieren zu wollen,
- geeignete Orientierung in Führungs- und Steuerungsfragen zu finden,
- mit dem Ursache-Wirkung Zusammenhang hinterfragend umzugehen,

dann ist ein guter Grund, sich dem LD mit seinem reflexiven und schöpferischen
Potential zu öffnen.
Die Einbettung der Sozialen Arbeit in vielfältigen institutionellen Zusammenhängen impliziert neben den Komplexitäts- und Managementfragen auch
eine ethische Dimension. Ausgehend von weltanschaulichen Aspekten bei den
sozialen Organisationen und in diesem Zusammenhang den sich daraus ergebenden Menschenbildern ist mit der grundsätzlichen Offenheit und Neutralität des
LD sorgfältig umzugehen. In diesem Zusammenhang entwickelte de Bono in
Analogie zu den 6-Denkhüten die *Six Value* Medals (Sechs Werte Medaillen;
siehe Novak 2011, S. 70), ein Wertekategoriensystem, das von positiven und negativen Werten ausgeht. Obwohl die Einbeziehung dieses Modells aus meiner
Sicht eine wichtige Stufe in der Organisationsanalyse und -entwicklung ist, die
allen anderen vorausgehen sollte, ist es in der Sozialen Arbeit die Bildung von
(hierarchischen) Wertekategorien eine mit Konflikten belastete Aufgabe.
Auf inhaltlicher Ebene lassen sich soziale Organisationen in ihrer ethischen
Orientierung in gewisser Weise identifizieren. Öffentliche Träger leiten ihre
normativen Handlungen von den politischen bzw. gesetzlichen Rahmenbedingungen ab. Das ist bei den freien Trägern nicht automatisch gegeben, da in
der ethischen Ausrichtung als Quelle für normatives Handeln die jeweilige Weltanschauung maßgebend ist. Insofern, wenn wir vom Wandel der Lebensstile und
-einstellungen, sprich vom gesellschaftlichen Wandel reden, dann ist dieser für
viele freie Träger nicht als Anlass zu sehen, ihre Organisationen in ihrem Wesen
zu verändern, selbst wenn man Diskrepanzen feststellt. Die Prioritätenaufstel-

lung im Punkt 4.2.1 wird auf der strategischen Ebene in der vertikalen Ausrichtung bleiben, was aber im Widerspruch zu den Anforderung des LD steht (vgl. z. B. Interview von Dr. Sonnenberg in Sozialwirtschaft 2012, S. 14f). Auch viele Techniken lassen sich nur mit einer gewissen Sensibilität anwenden. Ideen, die beispielsweise die Leitbilder, Normen und Werten einer Organisation berühren, können sogar – überspitzt gesagt – gefährlich werden. Was hier angesprochen wird, deutet auf mögliche Grenzen des hier vorgeschlagenen Konzeptes hin, die aufgrund seines offenen Charakters auf der ethischen Ebene zum Vorschein kommen.

Aber auch auf der technischen Ebene ist es vorstellbar, dass LD an seine Grenzen kommen kann, wenn man es nicht richtig begreift oder seine Anwendung nicht gelingt. Die Effektivität oder Produktivität des LD hängt von unerlässlichen Faktoren ab. LD ist nicht etwas, was man einem überstülpen kann. Ohne den Reflexionsprozess, die Unterscheidung vom linearen Denken und die bewusste Einführung von Diskontinuität wird es sehr schwierig sein, diese Denkweise erfolgreich oder überhaupt anwenden zu können.

LD zu verstehen erfordert Zeit. Wenn eine Führungskraft sich nicht die Zeit nehmen kann, weil diese von anderen Prioritäten dominiert ist, kann LD einen zwar auf den ersten Blick begeistern, aber auf Dauer ist Zeit für die Reflexion im Sinne des lateralen Denkens der entscheidendste Faktor. Für die westliche Denkweise, die durch logisch-geprägte Sozialisationsprozesse entstanden ist, verlangt seine Aneignung einen guten Willen und gewisse Disziplin. LD als Bestandteil der Organisationskultur zu machen hängt mit den positiven Erfahrungen der Führungskraft zusammen, die gute Wissens- und Wahrnehmungskompetenzen voraussetzt. Gegenüber dem finanziellen Aufwand bzw. der notwendigen Einbeziehung externer Hilfe lässt sich LD kostengünstig erwerben und aneignen.

5.1.3 Schlussbetrachtung

Die hier vorliegende Arbeit war ein Projekt, das die Erarbeitung einer konkreten Alternative zum Umgang mit Management in der Sozialen Arbeit hervorbrachte. Der qualitative Rahmen in der empirischen Herangehensweise hatte unter anderen auch den Grund, dass das hier vorgestellte Konzept (den Recherchen zugrunde) im Rahmen der Sozialen Arbeit als unbekannt bewertet wurde und insofern einen ersten Annäherungsschritt verlangte. Dieser Schritt beschränkte sich auf das Kennenlernen und die Erprobung des Konzeptes in einem künstlichen Setting. Dadurch konnten erste wichtige Erkenntnisse gewonnen werden, die in weiteren Schritten vertieft werden sollten. Alle Handlungsempfehlungen, die von meinem Standpunkt aus ausgearbeitet wurden, zeigen ansatzweise unterschiedliche Zugänge auf. Ich möchte an dieser Stelle auf meine Thesen hinweisen, die mehr oder weniger eine Zusammenfassung der hier gewonnenen Erkenntnisse darstellen, was zukünftig zum weiteren Untersuchungsanlass genommen werden kann. Führungskräfte oder Forschende haben die Möglichkeit von hier aus qualitativ aber auch quantitativ vorzugehen, um Aussagen auf ihre Signifikanz überprüfen zu können. Ich denke, dass es sich hier um mehr als eine einführende Arbeit handelt, die hinreichend Einblick in die Thematik des lateralen Denkens offeriert.

In der qualitativen Ausrichtung kann beispielsweise der Frage nach dem schöpferischen Potential tiefgründiger nachgegangen werden, da dies hier nicht in dem Ausmaß erfolgen konnte. In der quantitativen Ausrichtung können die bereits aufgestellten Thesen innerhalb einer Institution / Organisation parallel überprüft werden. Das wäre die Perspektive, die aus meiner Sicht die Relevanz der künftigen Auseinandersetzung mit diesem Thema bestimmen könnte.

Ich behaupte, Laterales Denken kann das kreative Denkvermögen und den gesamten Denkhorizont ergänzen und erweitern. Der erforderliche Perspektivenwechsel gibt den Führungskräften der Sozialen Arbeit konkrete Reflexionswerkzeuge, um z. B. verfügbare Informationen / Ressourcen neu zusammenzusetzen. Es werden auch Tools zur Verfügung gestellt, die bei der Suche nach neuen Ideen und Wegen konkret begleiten.

Das Konzept mit seinen Methoden und Techniken hat sich in vielen weltweiten Unternehmen bewährt (siehe Novak 2011, S. 65f und 81f). Auch wenn es hier in seiner Eigenart dargestellt und thematisiert wurde, will das Konzept das logische, lineare Denken nicht ersetzten, sondern die Balance zwischen den beiden arrangieren.

„Ein Steinhaufen hört auf, ein Steinhaufen zu sein, sobald ihn jemand betrachtet und dabei eine Kathedrale vor sich sieht!"

(Antoine de Saint-Exupéry)

Quellenverzeichnis

Literaturquellen

Albert, Martin (2006): Soziale Arbeit im Wandel. Professionelle Identität zwischen Ökonomisierung und ethischer Verantwortung. VSA – Verlag. Hamburg

Birgmeier, Bernd / Mührel, Eric (Hrsg.) (2009): Die Sozialarbeitswissenschaft und ihre Theorie(n). Positionen, Kontroversen, Perspektiven. VS Verlag. Wiesbaden

Brinkmann, Volker (2008): Personalentwicklung und Personalmanagement in der Sozialwirtschaft. Tagungsband der 2. Norddeutschen Sozialwirtschaftsmesse. VS Research. Wiesbaden.

Bruns, Rainer (2009): Beziehungsmanagement. In: Senner, Peter Josef (Hrsg.): Chefsache Kompetenzentwicklung. Wie Sie Führungskräfte systematisch voranbringen. Gabal-Verlag. Offenbach. S. 47-64

de Bono, Edward (1986): Laterales Denken für Führungskräfte. McGraw.Hill Book. Hamburg

de Bono, Edward (1990): Lateral Thinking. Penguin Books. London

de Bono, Edward (1993): Teach your child how to think. Penguin Books. London

de Bono, Edward (2011): De Bonos neue Denkschule. 4. Auflage. mvg Verlag. München

Eschmann, Frank (2009): Bewerbungs-Check. Beck kompakt – prägnant und praktisch. Mit den perfekten Unterlagen zum Vorstellungsgespräch. C. H. Beck Verlag. München

Ferchhoff, Wielfried (2008): Prozesse der Professionalisierung in historischer und gegenwartsorientierter Perspektive. In: Birgmeier, Bernd / Mührel, Eric (Hrsg.): Die Sozialarbeitswissenschaft und ihre Theorie(n). Positionen, Kontroversen, Perspektiven. VS Verlag. Wiesbaden. S. 69-84

Greving, Heinrich (2008): Management in der Sozialen Arbeit. Verlag Julius Klinkhardt. Bad Heilbrunn

Grunwald, Klaus (2011): Zu Notwendigkeit und Spezifika eines sozialwirtschaftlichen Blicks in der Sozialen Arbeit. In: Thiersch, Hans / Treptow, Reiner (Hrsg.): Zur Identität der sozialen Arbeit: Positionen und Differenzen in Theorie und Praxis. Sonderheft 10. Verlag Neue Praxis. Lahnstein. S. 171-172

Göppner, Hans-Jürgen (2009): Unbegriffene Theorie – begrifflose Praxis. In: Birgmeier, Bernd / Mührel, Eric (Hrsg.): Die Sozialarbeitswissenschaft und ihre Theorie(n). Positionen, Kontroversen, Perspektiven. VS Verlag. Wiesbaden. S. 245-256

Hollstein-Brinkmann, Heino / Staub-Bernasconi, Silvia (Hrsg.) (2005): Systemtheorien im Vergleich. Was leisten Systemtheorien für die Soziale Arbeit? Versuch eines Dialogs. VS Verlag. Wiesbaden

Hölzle, Christina (2006): Personalmanagement in Einrichtungen der Sozialen Arbeit. Grundlagen und Instrumente. Juventa Verlag. Weinheim und München

Klaus, Hans (2008): Qualitätsentwicklung durch Personalentwicklung. Oder: Vom organisationalen Umgang mit Unbestimmtheit und Unbestimmbarkeit. In: Brinkmann, Volker: Personalentwicklung und Personalmanagement in der Sozialwirtschaft. Tagungsband der 2. Norddeutschen Sozialwirtschaftsmesse. VS Research. Wiesbaden. S. 141-162

Kleve, Heiko (2000): Die Sozialarbeit ohne Eigenschaften. Fragmente einer postmodernen Professions- und Wissenschaftstheorie Sozialer Arbeit. Lambertus-Verlag. Freiburg im Breisgau

Kleve, Heiko (2003): Sozialarbeitswissenschaft, Systemtheorie und Postmoderne. Grundlegungen und Anwendungen eines Theorie- und Methodenprogramms. Lambertus- Verlag. Freiburg im Breisgau

Kleve, Heiko (2005): Der system-theoretische Konstruktivismus: Eine postmoderne Bezugstheorie Sozialer Arbeit. In: Hollstein-Brinkmann, Heino / Staub-Bernasconi, Silvia (Hrsg.): Systemtheorien im Vergleich. Was leisten Systemtheorien für die Soziale Arbeit? Versuch eines Dialogs. VS Verlag. Wiesbaden. S. 63-92

Kleve, Heiko (2007): Postmoderne Sozialarbeit. Ein systemtheoretisch-konstruktivistischer Beitrag zur Sozialarbeitswissenschaft. 2. Auflage. VS Verlag. Wiesbaden

Kleve, Heiko (2008): Postmoderne Sozialarbeitswissenschaft. In: Birgmeier, Bernd / Mührel, Eric (Hrsg.): Die Sozialarbeitswissenschaft und ihre Theorie(n). Positionen, Kontroversen, Perspektiven. VS Verlag. Wiesbaden. S. 101-112

Klug, Wolfgang (1997): Wohlfahrtsverbände zwischen Markt, Staat und Selbsthilfe, Freiburg im Breisgau

Korte, Rolf-Jürgen / Drude, Hartwig (2008): Führen von Sozialleistungsunternehmen. Konfessionelle Sozialarbeit und unternehmerisches Handeln im Einklang. Duncker & Humblot. Berlin

Krause, Reinhard (1996): Unternehmensressource Kreativität. Trends im Vorschlagswesen. Erfolgreiche Modelle. Kreativitätstechniken und Kreativitäts-Software. Wirtschaftsverlag Bachem. Köln

Lambrecht, Matthias (2012): Kreuzritter des Kapitalismus. In: Capital 50. Jg. (1). S. 72-78

Lamnek, Siegfried (1998): Gruppendiskussion. Theorie und Praxis. Beltz Verlag. Weinheim.

Lamnek, Siegfried (2005): Gruppendiskussion. Theorie und Praxis. 2. überarbeitete Auflage. Utb Verlag. Stuttgart

Loos, Peter / Schäffer, Burkhard (2001): Das Gruppendiskussionsverfahren. Leske + Budrich. Opladen.

Mayring, Philipp (2002): Einführung in die qualitative Sozialforschung. 5., überarbeitete und neu ausgestaltete Auflage. Beltz Verlag. Weinheim und Basel

Merchel, Joachim (2006): Sozialmanagement. Eine Einführung in Hintergründe, Anforderungen und Gestaltungsperspektiven des Managements in Einrichtungen der Sozialen Arbeit.2., überarbeitete Auflage. Juwenta Verlag. Weinheim und München

Merchel, Joachim (2009): Sozialmanagement. Eine Einführung in Hintergründe, Anforderungen und Gestaltungsperspektiven des Managements in Einrichtungen der Sozialen Arbeit. 3., überarbeitete Auflage. Juventa Verlag. Weinheim und München

Merchel, Joachim (2010): Leitung in der sozialen Arbeit. Grundlagen der Gestaltung und Steuerung von Organisationen. 2., aktualisierte Auflage. Juventa Verlag. Weinheim und München

Nikles, W. Bruno (2008): Institutionen und Organisationen der Sozialen Arbeit. Eine Einführung. Ernst Reinhard Verlag. München

Novak, Andreas (2011): Neue Ideen mit System. Innovative Kreativitäts- und Denktechniken nach Eduward de Bono. 2. Auflage. Windmühle Verlag. Hamburg.

Nüß, Sandra / Schubert, Herbert (2001): Managementkompetenzen in der sozialen Arbeit – Was verlangt die Praxis? In: Schubert, Herbert (Hrsg.): Sozialmanagement. Zwischen Wirtschaftlichkeit und fachlichen Zielen. Leske und Budrich. Opladen. S. 143-169

Schubert, Herbert (Hrsg.) (2001): Sozialmanagement. Zwischen Wirtschaftlichkeit und fachlichen Zielen. Leske und Budrich. Opladen

Spikler, Martin (2010): In die Zukunft führen. Memorandum. Kernkompetenzen nutzen und ausbauen: HR könnte bei der Frage nach neuen Rollen und Aufgaben von Führung gute Antworten geben. In: PERSONALmagazin, Heft 06/2010, S. 28 – 30

Obrecht, Werner (2005): Ontologischer, Sozialwissenschaftlicher und Sozialwissenschaftlicher Systemismus. In: Hollstein- Brinkman, Heino / Staub-Bernasconi, Silvia (Hrsg.): Systemtheorien im Vergleich. Was leisten Systemtheorien für die Soziale Arbeit? Versuch eines Dialogs. VS Verlag. Wiesbaden. S. 93-172

Pörksen, Bernhard (2011): Schlüsselwerke des Konstruktivismus. Eine Einführung. In: Pörksen, B. (Hrsg.): Schlüsselwerke des Konstruktivismus. VS Verlag. Wiesbaden. S. 13-27

Schirmer, Dominique (2009): Empirische Methoden der Sozialforschung. Wilhelm Fink Verlag. Paderborn

Schülein, Johann August / Reitze, Simon (2006). Wissenschaftstheorie für Einsteiger. 2., Auflage. Facultas-Verlag. Wien

Senner, Peter Josef (2009) (Hrsg.): Chefsache Kompetenzentwicklung. Wie Sie Führungskräfte systematisch voranbringen. Gabal-Verlag. Offenbach.

Sozialwirtschaft (2012): Der Obere ist so gut wie seine Gemeinschaft. Interview. In: Sozialwirtschaft 22 Jg. (3). S. 14-15

Staub-Bernasconi, Silvia (2009): Soziale Arbeit als Handlungswissenschaft. In: Birgmeier, Bernd / Mührel, Eric (Hrsg.): Die Sozialarbeitswissenschaft und ihre Theorie(n). Positionen, Kontroversen, Perspektiven. VS Verlag. Wiesbaden. S. 131-146

Thiersch, Hans (2002): Positionsbestimmungen in der sozialen Arbeit, Gesellschaftspolitik, Theorie und Ausbildung, Weinheim und München

Thiersch, Hans / Treptow, Reiner (Hrsg.) (2011): Zur Identität der sozialen Arbeit: Positionen und Differenzen in Theorie und Praxis. Sonderheft 10. Verlag Neue Praxis. Lahnstein

Varga von Kibéd, Matthias / Sparres, Insa (2011):Ganz im Gegenteil: Tetralemmaarbeit und andere Grundformen Systemischer Strukturaufstellungen – für Querdenker und solche, die es werden wollen. Carl-Auer-Systeme. Heidelberg

Vester, Frederic (1999): Die Kunst vernetzt zu denken. Ideen und Werkzeuge für einen Umgang mit Komplexität. 2. durchgesehene Auflage. DVA Verlag. Stuttgart

Volkamer, Klaus et al. (1998): Intuition, Kreativität und ganzheitliches Denken. Neue Wege zum bewussten Handeln. Sauer-Verlag. Heidelberg

Wendt, Wolf Rainer (2005): Dimensionen sozialer Innovation. In: Wendt, Wolf Rainer (Hrsg.): Innovationen in der Praxis. Nomos Verlag. Baden-Baden. S. 13-48

Wollesen, Bernt (2008): Human Ressourcen in der (Sozial-) Verwaltung, Mitarbeiteraufgaben in modernisierten Verwaltungsstrukturen. Zum organisatorischen Erfolg der Konzepte des New Public Management. In: Brinkmann, Volker: Personalentwicklung und Personalmanagement in der Sozialwirtschaft. Tagungsband der 2. Norddeutschen Sozialwirtschaftsmesse. VS Research. Wiesbaden. S. 127-132

Wöhrle, Armin (2003): Grundlagen des Managements in der Sozialwirtschaft. 1. Auflage. Nomos Verlag. Baden-Baden

Wöhrle, Armin (2005): Den Wandel managen. Organisationen analysieren und entwickeln. Nomos Verlagsgesellschaft. Baden-Baden

Wöhrle, Armin (2012): Kein Anhängsel von Wirtschaft und Verwaltung. In: Sozialwirtschaft 22. Jg. (2). S. 20-23

Internetquellen

Bellersen, Michael 2011. URL: http://www.mindtrainer24.com/?page_id=45 , Zugriff am 15.09.11

DBSH (2009) (Hrsg.): Grundlagen für die Arbeit des DBSH e.V. URL: http://www.dbsh.de/grundlagenheft_-PDF-klein.pdf, Zugriff am 22.05.12

Duden (2012). URL: http://www.duden.de/rechtschreibung/Pionierarbeit#Bedeutung1, Zugriff am 07.05.12

Hammer, Veronika (2011). Rezension vom 29.04.2011 zu: Ronald Lutz: Das Mandat der Sozialen Arbeit. VS Verlag für Sozialwissenschaften. Wiesbaden. In: socialnet Rezensionen, URL: http://www.socialnet.de/rezensionen/10857.php, Zugriff am 18.06.2012.

KGSt (2011): In: http://www.kgst.de/themen/organisationsmanagement/organisatorische-grundlagen/ neues-steuerungsmodell.dot, Zugriff am 22.11.11

König, Joachim et al. (2011): Soziale Nachhaltigkeit: Wer erzieht, pflegt und hilft morgen? In: König, Joachim / Oerthel, Christian / Puch, Hans-Joachim (Hrsg.): http://www.consozial.de/AFTP/kongress-doku/Dokumentation-ConSozial-2011.pdf, S. 10-17 Zugriff am 23.05.12

Wikipedia (2012a): In: https://de.wikipedia.org/wiki/Effekt, Zugriff am 30.04.12

Wikipedia (2012b): In: https://de.wikipedia.org/wiki/Transfer, Zugriff am 30.04.12

SearchCIO (2012): Definition "Out of the box". In: http://searchcio.techtarget.com/definition/out-of-the-box, Zugriff am 20.06.2012

Sinus (2012): Sinus Milieus: In: http://www.sinus-institut.de/loesungen/sinus-milieus.html, Zugriff am 23.05.12

Weitere unterstützende Quellen

Adriani, Brigitte et al. (1995): Hurra, ein Problem! Kreative Lösungen im Team. 2. überarb. Auflage. Gabler-Verlag. Wiesbaden

Audehn, Dieter (1995): Systematische Ideenfindung. Kreativitäts-Techniken bei der Entwicklung und Verbesserung von Produkten und Dienstleistungen sowie bei der Lösung betrieblicher Probleme. Expert Verlag. Renningen – Malmsheim

Focus Groups (2012): URL: http://www.scribd.com/doc/58278130/Headings-to-Help-the-Interpretation-of-Focus-Group-Data, Zugriff am 10.05.12

http://www.edwdebono.com/

Tabellen- und Abbildungsverzeichnis

Anhang

Geplanter Seminarablauf

1. Vorstellungsrunde

2. Einführung in das Seminar

3. Einstieg

3.1. Brainstorming zu:
- Einrichtungen der Sozialen Arbeit
- Managementformen in der Sozialen Arbeit
- Aktuellen Themen der Praxis der Sozialen Arbeit

3.2. Einführungsübung:
- 5-minütige Diskussion zum Thema: Vor- und Nachteile des Ehrenamts in der Sozialen Arbeit
- Einschub: Vorstellung der „6-Denkhüte"
- 5-minütige Diskussion zum gleichen Thema
- Auswertung: Welche Veränderungen werden wahrgenommen?

Pause

4. Übungen zum lateralen Denken

5. Laterales Denken

5.1 Theoretischer Input

5.2 Vorstellung einiger Techniken
- Gebiets- und Zweckfokus
- Zufallstechnik
- Umkehrung; Verdrehung
- Analogien

5.3 Anwendung
- Aufgabe und Technik wird mit den TN abgestimmt

Pause

6. Gruppendiskussion

6.1 Leitfragen zur Gruppendiskussion

Eingangsfrage:	Welches Management brauchen soziale Organisationen der Sozialen Arbeit?
Frage:	Ist laterales Denken eurer Meinung nach schöpferisch und führt es zu neuen Erkenntnissen?
Frage:	Welche Unterschiede im Denken konntet ihr im Laufe des Seminars beobachten und feststellen?
Frage:	Welche Chancen seht ihr im Konzept?
Frage:	Wo ist der Einsatz des LD in der Sozialen Arbeit sinnvoll?

VS Forschung | VS Research
Neu im Programm Soziale Arbeit

Gabriele Bingel
Sozialraumorientierung revisited
Theoriebildung und Geschichte zwischen instrumenteller Logik und sozialer Utopie
2011. 283 S. Br. ca. EUR 29,95
ISBN 978-3-531-18023-6

Ulrich Glöckler
Soziale Arbeit der Ermöglichung
‚Agency'-Perspektiven und Ressourcen des Gelingens
2011. 156 S. Br. EUR 34,95
ISBN 978-3-531-18025-0

Johannes Richter
„Gute Kinder schlechter Eltern"
Familienleben, Jugendfürsorge und Sorgerechtsentzug in Hamburg, 1884-1914
2011. 666 S. Br. EUR 59,95
ISBN 978-3-531-17625-3

Eckhard Rohrmann
Mythen und Realitäten des Anders-Seins
Gesellschaftliche Konstruktionen seit der frühen Neuzeit
2., überarb. u. erw. Aufl. Aufl. 2011.
323 S. Br. EUR 34,95
ISBN 978-3-531-16825-8

Bringfriede Scheu / Otger Autrata
Theorie Sozialer Arbeit
Gestaltung des Sozialen als Grundlage
2011. 318 S. (Forschung, Innovation und Soziale Arbeit) Br. EUR 39,95
ISBN 978-3-531-18243-8

Sabina Schutter
„Richtige" Kinder
Von heimlichen und folgenlosen Vaterschaftstests
2011. 215 S. (Kindheit als Risiko und Chance) Br. EUR 39,95
ISBN 978-3-531-18059-5

Erhältlich im Buchhandel oder beim Verlag.
Änderungen vorbehalten. Stand: Juli 2011.

Einfach bestellen:
SpringerDE-service@springer.com
tel +49 (0)6221 / 3 45 – 4301
springer-vs.de

The manufacturer's authorised representative in the EU is Springer
Nature Customer Service Centre GmbH, Europaplatz 3, 69115 Heidelberg,
Germany. If you have any concerns regarding our products, please
contact ProductSafety@springernature.com

Printed and bound by CPI Group (UK) Ltd, Croydon, CR0 4YY
27/04/2026
02097628-0006